Vertige

Vertige

Tu me fais tourner la tête, mais personne ne le voit !

de

Laëtitia Haimée

©2020, Laëtitia Haimée

Edition: BoD - Books on Demand
12/14 rond point des Champs-Elysée 75008 Paris
Impression : BoD - Books on Demand, Norderstedt Allemagne

ISBN : 978-2-2322-20622-3
Dépôt légal : mars 2020

Sommaire

1ère partie : Mon histoire   page 5

2ème partie : L'histoire des vertiges et la rééducation   page 97

3ème partie : Les témoignages,   pages 118

Conclusion   page 145

Je remercie ma famille, mes amis pour leurs soutiens, leurs encouragements et monsieur M. pour son aide depuis de nombreuses années et sa collaboration.

Première partie

Dans ce livre, vous allez découvrir un récit dans lequel Laëtitia, une jeune femme de 32 ans, raconte son parcours semé d'embûches.

Ce n'est ni un conte de fée, ni un roman d'aventures...

...c'est une histoire vraie et c'est "MON HISTOIRE".

I

Tout commence un matin d'hiver, le 18 janvier 2010.
C'est un jour semblable aux autres. Le temps est un peu maussade.
Comme chaque matin de la semaine, je prépare mes deux enfants pour partir à l'école. Mon fils est âgé de sept ans et ma fille de quatre ans.

Tout est calme dehors encore à cette heure-ci. L'avantage de vivre dans un village de trois cent cinquante habitants en région parisienne, c'est la sérénité qui y règne. Hormis une mairie et une église, il n'y a aucune commodité sur place. La proximité de grandes villes nous permet d'y trouver ce dont nous avons besoin et cela nous convient.

Il est l'heure de partir, tout le monde monte en voiture. Je dépose d'abord mon fils au périscolaire de la ville voisine.
Je me dirige ensuite vers un hameau à deux kilomètres pour déposer ma fille chez son assistante maternelle. Cette dernière l'emmènera, avec d'autres enfants, à la maternelle pour 9h00.

Je reprends ma voiture.
Avant de me rendre à mon travail, je dois prendre ma mère au passage. Suite au rattachement de son territoire à mon service, le hasard nous a permis de travailler ensemble depuis 2009. Nous faisons du covoiturage quand nous le pouvons.

Sur le chemin, un léger brouillard s'est installé. Je sors du village et m'engage à petite vitesse dans un virage en pente.
Tout d'un coup, la voiture réagit bizarrement. Je me rends compte que la route est glissante.

Je me rapproche sérieusement du champ situé à quelques mètres plus bas. Je cherche par tous les moyens à reprendre le contrôle de mon véhicule et tourne le volant vers la droite. Je réussis à rester sur la route, mais la voiture prend de la vitesse. JE FREINE ! Mon pied appuie à fond sur la pédale, mais les freins ne répondent pas !

J'ai PEUR !
La route est sinueuse. La voiture s'engage dans le dernier virage ! Au bout de la route se trouve un pont. Je veux récupérer ma trajectoire à tout prix.
Tout se passe très vite. Je tourne le volant à fond dans l'autre sens et je freine ENCORE et ENCORE... En fait, je crois bien que je n'ai jamais enlevé mon pied du frein ! Mais rien n'y fait, je n'arrive pas à redresser la direction de ma voiture et je me dirige dangereusement vers le cours d'eau. La panique m'envahit car je sais, à ce moment-là, que ma voiture ne répond plus et qu'elle dérape inextricablement.
Je réalise alors en quelques secondes que soit je percute un arbre, soit je plonge dans la rivière en contrebas !
Je regarde devant moi, le volant tourné à fond. La voiture est maintenant sur l'herbe.
Tout va très vite dans mon esprit. Je me dis que, peut-être, je pourrais quand même m'arrêter ! Je freine encore à fond, comme s'il y avait plusieurs paliers de freinage. Mais je ne fais que glisser, glisser, glisser...

C'EST L'IMPACT !

Le choc dans l'arbre est violent même à 40 km/h. Je ne sais plus où je suis, mais la voiture est enfin arrêtée ! J'enlève mon pied du frein. J'ai mal partout et des difficultés à respirer. Je suis totalement déboussolée.

J'essaie de reprendre mes esprits. En tout cas, ma voiture n'est pas tombée dans l'eau !
Immédiatement, je prends mon téléphone dans mon sac à main pour avertir mon mari. Je me souviens à ce moment-là qu'il me reste moins

d'une minute d'appel sur ma carte prépayée. Il décroche et rapidement je lui demande de me rappeler, immédiatement car c'est très urgent. Il le fait dans la seconde qui suit. La première chose qui me vient en tête est de lui dire "je viens de casser la voiture". Il ne s'attendait pas à cette urgence. Je sens de la panique dans sa voix. Il me demande si je vais bien. Je ne me souviens pas de toute la conversation, ni du temps passé au téléphone avec lui. J'ai l'impression d'être un pantin. Une chose est certaine, il se charge d'appeler l'assurance pour faire venir une dépanneuse et quitte son travail pour me rejoindre. Il devrait être à mes côtés dans environ une heure et demie, car il travaille de l'autre côté de Paris.

Il me reste encore un peu de crédit pour prévenir ma mère qui m'attend. Mes parents habitent à proximité. Ils me répondent, je dois faire vite pour ne pas être coupée, j'essaie de leur expliquer où je suis. Mais je bafouille, je n'arrive pas à être claire dans mes propos. Face à mon désarroi et mon affolement, ils me disent qu'ils arrivent sans délai.

Après avoir raccroché, je me rends compte que je suis toujours dans la voiture. Je m'en extirpe pour les attendre, mais je me sens toute disloquée ! Mes yeux se dirigent sur ma voiture, l'arbre et l'eau !
J'ai eu de la chance. Le cours d'eau est gonflé par les pluies importantes tombées ces derniers jours. Ma voiture aurait fait une chute en avant de plus d'un mètre en tombant dans la rivière. Les autres véhicules n'auraient pas pu me voir, ni me secourir ! Cette perspective me fait froid dans le dos !

Je ne peux plus réfléchir, je me sens défaillir, mes jambes ne me portent plus. Je m'adosse contre le muret du pont et m'oblige à m'asseoir. Je tremble de tout mon corps et suis prise d'une crise de spasmophilie. Les larmes me montent aux yeux. Est-ce le choc, la peur, le stress, le contrecoup ou tout à la fois ?

Il commence à y avoir du passage sur la route. Une première voiture arrive doucement, un homme de taille moyenne, aux cheveux bruns en sort pour me venir en aide.

D'autres véhicules le suivent lentement. J'aperçois également la voiture de la nounou de ma fille qui emprunte cette route pour déposer les enfants à l'école. Elle me reconnait, s'arrête et me demande comment je vais. Heureusement, ma fille ne me voit pas, elle regarde de l'autre côté. Je réponds que je vais bien, malgré mes larmes et surtout lui demande de partir rapidement, car je ne veux pas que ma fille me voit ainsi.

Le jeune papa m'aide à monter dans sa voiture au chaud à côté de son fils, âgé d'environ 3 ans. Je tremble de tout mon corps. Je ne me suis pas rendue compte du froid glacial de ce matin d'hiver. Je suis totalement ailleurs. Il me demande s'il faut appeler les pompiers, mais je lui réponds que cela n'est pas nécessaire, je pense que je vais bien et mes proches vont arriver très vite. Il décide de veiller sur moi et de me garder au chaud en attendant.

En fait, le brouillard épais, ce matin-là, est givrant et a gelé toute la route. J'apprendrai plus tard qu'il n'y avait que cette voie verglacée.

Comme je n'ai pas réussi à expliquer à mes parents où j'étais avec précision, ils prennent chacun leur véhicule, mais deux chemins différents pour me retrouver.
Mon père arrive le premier. Il se gare de l'autre côté du pont et sort de sa voiture avec précaution. Il me cherche du regard. Il porte une veste chaude, mais il n'a pas pris le temps de mettre un couvre-chef malgré le froid. J'aperçois ses cheveux blancs sur son crâne dégarni. Je remercie le jeune papa pour avoir veillé sur moi et sors du véhicule pour rejoindre mon père.

Peu après, ma mère arrive par la même route que j'ai empruntée. Elle roule doucement, mais tout d'un coup, son véhicule se met à glisser également. Elle s'arrête, in extremis, juste au bord de la voie. Heureusement, car plus loin sa voiture aurait pu tomber dans le fossé. Passé ce moment de stress, elle reprend ses esprits, recule et nous rejoint plus bas. Elle porte un manteau long et sa chevelure brune tombe sur ses épaules. En me voyant debout, rassurée elle m'enlace. Toutefois, elle s'inquiète de la pâleur de mon visage.

Après s'être assurée que cela allait mieux, ma mère part à son travail et se charge d'avertir ma chef de service pour mon accident. Mon père reste à mes côtés jusqu'à l'arrivée de mon mari.
La mairie, avertie par un postier, a mandaté la police municipale pour dresser un procès-verbal de l'accident. La route est une vraie patinoire. Quand l'agent de police sort de son véhicule, il glisse et se rattrape en se retenant à la poignée de la porte. Il ne s'y attendait pas.
Un échange s'engage afin de relater les circonstances de l'accident et je m'efforce d'expliquer les faits le plus clairement possible, malgré mon état. Cela me demande une énergie folle et m'épuise.

A son départ, je regarde autour de moi. Tout est plus calme, plus personne dans les environs. Le temps est triste et plus froid. De la buée sort de ma bouche. Je tremble toujours, tout est embrouillé. Je suis encore sous le choc. Je dois réagir. Je demande à mon père de m'aider à vider ma voiture et tout mettre dans la sienne.

Au fur et à mesure que les minutes passent, j'ai de plus en plus mal au cou, au dos, aux genoux. C'est normal, car j'ai cramponné mon volant, appuyé sur le frein pendant toute la descente et je me suis crispée pendant l'impact.

Un certain temps s'écoule avant l'arrivée de la dépanneuse. Un homme en sort et vient à notre rencontre. Il ne m'est pas possible de le décrire physiquement, car mes yeux sont fixés sur ma voiture. Je suis pensive et me demande ce qu'elle va devenir. Le dépanneur attache les sangles et appuie sur un bouton pour l'extirper de l'arbre. Il s'y reprend à plusieurs reprises. J'entends le bruit de la tôle froissée, c'est horrible ! Cela résonne dans ma tête. J'aperçois l'avant qui a percuté l'arbre, il est tout enfoncé. Par réflexe, je porte mes mains à mon visage comme si je voyais une image d'horreur. J'en ai les larmes aux yeux. A mon grand étonnement, l'arbre, lui, n'a rien !

Le dépanneur a réussi à mettre mon véhicule sur la remorque. Il l'attache. Avant de repartir, il nous donne des indications, mais je suis incapable de retenir quoi que ce soit, heureusement mon père est là et prend le relais.

Mon mari arrive enfin ! Il s'est passé une heure et demie depuis l'accident dans ce froid et ce brouillard. Il sort précipitamment et me rejoint. Je le regarde intensément et me sens soulagée. Je fixe ses grands yeux verts jusqu'à ce qu'il me prenne dans ses bras. J'essaie de plaisanter pour lui montrer que ça va. Mais il me connait bien et me fait comprendre que je suis choquée par ce que je viens de vivre. Il discute ensuite avec mon père, mais moi je suis ailleurs, à des milliers de kilomètres.
J'ai l'impression d'être en plein cauchemar. Je vais peut-être me réveiller ! Mais non, c'est la réalité, l'accident s'est réellement passé !

Je souffre de plus en plus. Les douleurs occasionnées par l'impact se font ressentir de plus en plus, les contractures augmentent.

Mon père repart et mon mari m'installe dans sa voiture pour m'emmener à mon travail, afin que je remplisse les documents d'accident de trajet avec ma chef de service.
Quand j'arrive, une collègue se précipite vers moi, elle m'attendait très inquiète. Ma mère l'avait informée de mon accident. Je reste peu de

temps avec elle et me rend dans le bureau de ma responsable qui m'attend pour déclarer mon accident du travail. C'est un petit bout de femme d'une cinquantaine d'années. Elle est blonde avec les cheveux attachés en queue de cheval. Elle me propose de m'asseoir et me tend les papiers. Je saisis le stylo mais je tremble tellement que je n'arrive pas à écrire. Elle me propose de le faire à ma place ce que j'accepte volontiers. Elle me pose au fur et à mesure les questions et j'essaie d'y répondre le plus précisément possible, mais c'est compliqué et douloureux pour moi. Elle voit que je suis toute retournée. Elle me remet les documents nécessaires pour me rendre aux urgences et me demande de la tenir informée de mon état de santé.

Nous reprenons la voiture et partons en direction de la clinique située à 5 minutes de mon travail.
Arrivée aux urgences, je dois patienter. Même si j'ai été victime d'un accident de la circulation, je suis arrivée par mes propres moyens et debout, je dois attendre mon tour !
Le temps me parait très long et mes douleurs s'intensifient encore et encore. J'ai l'impression d'être en feu, tout mon cou et mon dos me brûlent.

Enfin, un interne m'installe dans une chambre. Le médecin arrive pour m'ausculter. Après une batterie de questions, il me fait passer une radio du rachis-cervico-dorsal : une entorse cervicale est diagnostiquée. Il me demande de prendre rendez-vous rapidement avec mon médecin traitant pour les suites. En sortant, j'appelle immédiatement le cabinet et obtiens un rendez-vous le 21 janvier.

En fin d'après-midi, je suis enfin chez moi !
Je monte dans ma chambre et prend une douche. Je souhaite me laver de cette horrible journée, mais également me débarrasser de l'odeur de l'hôpital sur moi.

Malgré l'eau bien chaude, j'ai toujours très froid. Je m'habille chaudement et m'installe ensuite confortablement sur le canapé pour me détendre et soulager mes douleurs.

Mon mari est parti récupérer les enfants. Quand ils rentrent, ils sont inquiets en me voyant toute affaiblie, pâle et avec le cou coincé. Je ne veux pas qu'ils s'affolent, alors je les prends dans mes bras et les embrasse fort en leur parlant avec douceur pour les rassurer.

II

Je n'ai plus de voiture !
Il faut que je pense à organiser la dépose des enfants à l'école pour le reste de la semaine. Je demande donc à mon père retraité de passer les prendre le matin. Mon mari se chargera de les reprendre le soir.

Je suis soulagée, mais qu'en partie. Je ne me sens pas capable de reconduire, j'ai trop PEUR. Pourtant, il va bien falloir que je le fasse un jour. Mais pas maintenant, c'est beaucoup trop tôt !

Le 21 janvier, mon père m'emmène chez mon médecin traitant, une femme d'une petite quarantaine d'années, dynamique et toujours de bonne humeur. Quand je rentre dans son cabinet, elle s'aperçoit tout de suite que quelque chose ne va pas. Je lui relate mon accident de voiture. Elle m'ausculte de la tête aux pieds et prend ma tension. J'ai des bleus sur les deux genoux et des douleurs importantes au cou et au dos. Nous remplissons les papiers d'accident du travail et notons avec précision les blessures constatées. Ensuite, elle me prescrit des antalgiques, un collier cervical, des séances de kinésithérapie et décide dans un premier temps de me faire un arrêt de travail de trois semaines. Un nouveau rendez-vous est prévu afin de poursuivre le bilan de l'évolution de mon état.

La vie continue et j'essaye d'adapter mon quotidien à mes problèmes de santé.
Fin janvier, pour me changer les idées, mon mari décide de m'inviter au restaurant pour fêter nos deux anniversaires. Le mien a eu lieu quatre jours avant mon accident et celui de mon mari est dans les jours à venir.
Il faut bien passer à autre chose. Nous avons confié les enfants à mes parents. La soirée fut agréable, mais difficile à supporter compte tenu

de mes douleurs. J'ai eu, à plusieurs reprises pendant le repas, envie de m'allonger et chauffer mon cou pour atténuer la douleur. Mon traitement antalgique ne m'a pas longtemps soulagée !

Quelques jours plus tard, nous devons nous rendre au garage pour l'expertise de ma voiture. Sera-t'elle réparable ou devrons nous en racheter une autre ?
Au moment de partir et contre toute attente, mon mari me tend les clefs. Je refuse avec un mouvement de recul, je n'ai pas reconduit depuis mon accident ! Mais il ne me laisse pas le choix, je dois me faire violence. A peine assise derrière le volant, je me mets à pleurer et à trembler. Le moteur est en route. Je commence à avancer, mais je suis EFFRAYEE. Les larmes coulent et je n'arrive pas à me calmer. Je roule tout doucement. Je sors du village et me dirige vers une route départementale. Mon mari m'encourage avec beaucoup de douceur et de calme. J'ai très PEUR et je suis tellement STRESSEE que mes mains se crispent sur le volant et mes douleurs s'intensifient.

Quelques minutes plus tard, qui m'ont parues interminables, je me gare sur un parking et rends le volant à mon mari.
Je suis soulagée mais également fière de moi. J'ai pu dépasser mon angoisse de reconduire. Cette expérience m'a demandé un effort monumental comme si j'avais couru à toute vitesse ! Le premier pas est fait, maintenant je dois petit à petit reprendre l'assurance que j'avais avant mon accident !

Mon mari est fier de moi. Pour lui, il était indispensable que je reconduise rapidement pour éviter un blocage. Même si cela a été une terrible épreuve pour moi, je le remercie de m'y avoir poussée.
Nous arrivons au garage. A la vue de ma voiture accidentée, je me remets à pleurer.
Mon mari découvre les dégâts. Moi, je revis mon cauchemar !

Les images de mon accident me reviennent de plein fouet et je ne peux pas m'empêcher de me dire que j'aurai dû faire comme ceci ou comme cela. Toutefois, avec le recul, je conclus que je n'aurai pas pu agir autrement sur une route verglacée et mon mari me le confirme.

Cela ne me console pas ! Que va devenir ma voiture ? Nous finissons de la vider. Maintenant, elle est dans les mains de l'expert automobile. Quelle décision sera prise ?
Début février comme prévu, mon père m'emmène de nouveau voir mon médecin. Nous faisons le point sur mes douleurs. Je lui parle de mon genou gauche qui me fait souffrir. Après m'avoir auscultée, elle me prescrit des examens complémentaires et me prépare une ordonnance pour passer une IRM, plutôt qu'une simple radiographie qui ne suffirait pas à détecter une lésion en profondeur. Une fois rentrée, j'appelle le service IRM qui me fixe un rendez-vous pour le 22 février 2010 seulement. Il va falloir que je patiente ! Je suis inquiète. Mais qu'est-ce que j'ai ?

Je vais bientôt reprendre mon travail. Il va falloir trouver une solution pour m'y rendre en attendant les résultats de l'expertise. L'assurance peut prendre en charge la location d'une voiture pour une dizaine de jours. Nous louons donc une voiture. Je m'installe et la conduis tout doucement pour repartir. Je n'ai pas trop confiance en moi et ne suis pas très rassurée.

Le jour de ma reprise, je roule avec beaucoup de prudence. Je suis secrétaire depuis huit ans dans une institution. Nous sommes cinq secrétaires dans une même pièce. Je m'installe à mon bureau, mais l'accueil est froid et sans mot de sympathie, comme si rien ne m'était arrivé. Elles m'ignorent. Je m'y attendais, car elle ne m'ont jamais montré d'empathie et la convivialité n'a jamais été réellement présente. J'essaie de ne pas y faire attention. J'allume mon ordinateur et regarde mon courrier. Le service se remplit. Je vais voir d'autres collègues. Elles sont ravies de me revoir, me témoignent de la bienveillance et me posent de multiples questions. Le premier jour a été très dur émotionnellement et physiquement. Il faut que je reprenne mes marques !

L'expert automobile a rendu son rapport. Le montant des réparations possibles équivaut à la valeur de ma voiture. Après réflexion, nous décidons d'en racheter une autre et par chance, nous en trouvons une rapidement.

22 février, je passe l'IRM de mon genou. Je stresse un peu, j'ai peur de ce que le docteur va découvrir. Je me présente au secrétariat pour constituer mon dossier et je patiente. Le médecin m'appelle, je me déshabille et enfile une blouse stérile. Je suis impressionnée par la grosseur de la machine qui parait remplir la totalité de la pièce. Je m'allonge sur une table les pieds en avant. Le radiologue m'attache la jambe et la couvre d'un poids pour ne pas bouger. Après m'avoir donné les consignes, il m'installe un casque sur les oreilles pour écouter de la musique et couvrir ainsi le bruit de la machine.

L'examen commence. La table rentre dans le tunnel jusqu'au niveau de la poitrine. C'est impressionnant ! La table se stabilise, la machine vibre et tambourine tel un marteau piqueur. Les instructions données dans le casque m'ordonnent de ne plus bouger. L'examen s'achève après un long moment puis je retourne en salle d'attente. J'appréhende le diagnostic final. Le médecin m'appelle enfin. Je rentre dans son cabinet. Il me questionne puis m'annonce que je présente une fissuration de la corne postérieure du ménisque interne, ainsi qu'un kyste méniscal. Je suis toute retournée ! Même si je sentais que quelque chose n'allait pas, je ne pensais pas que le problème serait si important.

Je revois de nouveau mon médecin le 26 février pour lui transmettre mes résultats. Elle m'oriente vers un chirurgien orthopédiste pour avoir son avis. Je réussis à obtenir un rendez-vous rapidement dans la même clinique. Je suis reçue par un chirurgien en blouse blanche, grand et élancé. Je rentre dans son bureau composé d'un mobilier moderne. Je m'installe, lui remet le courrier de mon médecin et mon dossier médical. Le chirurgien me pose quelques questions sur mes antécédents médicaux, mes douleurs et leur durée. Après notre échange, il m'annonce : "**il faut opérer en faisant une résection méniscale** ". Après réflexion et surtout compte tenu de la douleur quotidienne, j'accepte.

Le 15 mars, mon mari et mes enfants m'emmènent à la clinique. Je dois me préparer pour l'opération. Un brancardier vient me chercher pour me descendre au bloc opératoire.
L'intervention terminée, je suis installée en salle de réveil. Je ne sens pas encore mes membres inférieurs. Je dois donc attendre que l'anesthésie se dissipe pour pouvoir bouger de nouveau mes orteils. Un peu plus tard, une aide soignante m'annonce que l'opération s'est bien passée et qu'après auscultation, je peux maintenant remonter dans ma chambre.

Le lendemain matin, une infirmière vient me voir pour faire le point avant mon départ. Elle me demande de marcher. Seulement, je n'arrive pas à prendre appui sur ma jambe. Même sur la pointe du pied, c'est très douloureux. Je dois poser mon pied entièrement et y mettre tout mon poids. En fin de matinée, ma mère vient me chercher. Heureusement, j'ai prévu des béquilles sinon je pense que je serais partie à cloche-pied !

De retour chez moi, je contacte le kinésithérapeute qui me suit depuis mon accident pour que, dans un premier temps, ma rééducation se fasse à mon domicile. Pour mes soins, une infirmière passe tous les jours pour me faire une piqûre afin d'éviter une phlébite et changer mon pansement.

Mon quotidien n'est pas évident. Je n'arrive toujours pas à prendre appui sur ma jambe. Les déplacements dans la maison sont limités. Le matin au lever, je fais un maximum de choses à l'étage avant de prendre mon petit déjeuner. Je descends l'escalier sur les fesses. Une fois en bas, j'espère ne rien avoir oublié, car je ne remonterai que le soir pour aller me coucher !
Quelques jours s'écoulent et je peux enfin poser mon pied et me déplacer plus facilement grâce à la rééducation.

Les semaines passent, je reste **fatiguée**. J'ai du mal à récupérer. Toutes les personnes autour de moi me disent "**c'est normal, il faut que ton corps digère l'anesthésie**". Je pense la même chose, mais je veux que cela s'arrange vite !
Mon objectif est de retrouver l'aisance de mon genou et de reprendre rapidement le travail. Je ne comprends pas pourquoi je n'arrive pas à le plier. La douleur est moins intense, mais je sens comme un blocage à l'intérieur. J'en parle au kiné pour qu'il me rassure. Pour certaines personnes la récupération peut être plus longue, il faut être patiente. J'en informe également mon médecin lors d'un rendez-vous, elle me répond la même chose. Mon arrêt de travail est prolongé. Je n'arrive toujours pas à conduire puisque ma jambe est raide. Je poursuis ma rééducation avec entrain et espère une amélioration prochaine.
De plus en plus, je ressens le besoin de me changer les idées et de voir du monde. Chez moi je tourne en rond, je suis seule toute la journée. Le temps est maussade, il fait froid et il pleut souvent. Cela ne remonte pas mon moral. J'attends patiemment le soir pour parler avec mes enfants et mon mari. Cela me distrait un peu car, pour ma part, je n'ai pas grand chose à raconter.

Après plusieurs semaines d'arrêt, enfin une amélioration, je peux plier mon genou à environ 40°. Même si ma **fatigue** est toujours là, je vais pouvoir reprendre le travail. Heureusement que ma nouvelle voiture a une boite automatique, je n'ai pas besoin de solliciter ma jambe gauche pour appuyer sur l'embrayage.

Nous sommes au mois de mai, le temps est plus doux et agréable. Le soleil est présent et les oiseux chantent. Tout est réuni pour une bonne reprise. Arrivée au bureau, l'accueil est tendu comme en février dernier. La froideur de certaines collègues m'est incompréhensible ! Je dois reprendre mes repères car du travail m'attend. C'est toute aussi dur que précédemment. Mon médecin recommande un aménagement de mes missions, je rencontre donc ma chef de service pour lui en faire part. Ne pouvant pas me déplacer en voiture de service et ni marcher longtemps, elle prend la décision en lien avec la directrice de me dispenser des déplacements extérieurs. Elle m'attribue en contre partie de nouvelles missions au sein de mon service. Cela me semble équitable, puisque je décharge mes collègues en parallèle.

Malheureusement, ces dernières n'apprécient pas ce changement et me le font bien savoir. Je ne comprends pas leurs réactions. L'ambiance dans le bureau est encore plus lourde, chaque regard posé sur moi est empli de rancune. La directrice est alors obligée d'intervenir pour confirmer qu'elle est à l'origine de cette directive.

Je n'ai vraiment pas besoin de me battre contre des personnes qui ne font pas d'efforts pour me comprendre. Il me faut un lieu paisible pour travailler. Je suis lasse de tout cela !

Depuis mon opération, je ne peux plus ni m'accroupir, ni m'asseoir parterre pour jouer avec mes enfants. N'ayant pas beaucoup de forces dans mes jambes, je ne peux plus porter ma fille. Je souffre de cette situation. J'essaie d'adapter mes difficultés pour être présente d'une autre façon pour eux. C'est dur car mes maux de tête et mes douleurs cervicales persistent.

Pendant mes trajets en voiture, je remarque un fait inhabituel. **Mes yeux partent sur le côté de façon incontrôlable**, cela ne dure qu'une fraction de seconde, mais c'est bizarre et gênant. Ce n'est qu'occasionnel et je pense que cela vient de ma **fatigue**.
En plus, une douleur à mon autre genou apparait et je décide d'en parler à mon médecin. Ce dernier me prescrit une IRM pour vérifier son état et une rencontre avec un podologue. L'IRM est prévue le 23 juillet, après mes vacances et le podologue en septembre.

Les vacances d'été sont enfin là. Nous décidons de partir dans la famille. Comme je ne peux pas marcher longtemps, nos sorties se résument à des balades en voiture, des visites de belles villes du sud-ouest et un peu de plage. Cela fait du bien de changer d'air pour quelques jours. Le soleil, la chaleur et la présence de mes proches m'apportent beaucoup de réconfort.

De retour de vacances, je passe l'IRM. Je suis soucieuse, j'ai peur du résultat. Je croise les doigts, j'y vais le cœur battant et le ventre serré. Quand je rentre dans la salle d'examen, j'ai les mêmes sensations que la dernière fois. Je suis allongée face à cette immense machine. Malheureusement, même sensation, même verdict : une fissuration de la corne postérieure du ménisque interne et d'un kyste méniscal. Je n'y crois pas, je n'ai vraiment pas de chance et je ne me vois pas subir une nouvelle opération surtout que mon genou gauche ne s'arrange pas. Je dois revoir le chirurgien pour savoir où j'en suis, car là, je suis totalement perdue.

J'ai besoin de changement. Comme j'ai l'impression d'avoir délaissé mes enfants depuis mon accident, je décide de les emmener dans un parc d'attraction pour passer un bon moment ensemble. J'ai le sentiment d'être tellement loin d'eux, de ne plus être à la hauteur de leurs attentes et disponible comme avant, cela me pèse énormément. Ces petits moments nous rapprochent et je vois leur contentement sur leurs visages. Ils ont leur maman rien que pour eux aujourd'hui. C'est une belle journée ensoleillée qui nous remonte le moral. Le soir, je rentre fatiguée car j'ai eu du mal à les suivre. Mes enfants se sont bien défoulés et j'ai apprécié cette belle journée.

En septembre, je rencontre de nouveau le chirurgien. Pour mon genou droit, il me conseille de l'opérer. Pour le gauche, il m'explique sans aucune retenue ni humanité que je ne pourrai pas récupérer la flexibilité totale de mon genou, qu'il n'y a rien à faire, il faudra que je vive ainsi ! Une personne sur dix peut présenter des séquelles suite à l'opération et malheureusement il a fallu que ça tombe sur moi ! Je n'en crois pas mes oreilles. Ces paroles dites sur un ton détaché, sans sentiment, m'arrachent des pleurs que je ne peux contenir. Je ne comprends pas ce qu'il se passe comme si tout se dérobait sous mes pieds.

C'est impossible, je ne me fais pas à cette idée. Il faut que je me ressaisisse. Je poursuis ma rééducation avec assiduité, j'ai décidé de récupérer coûte que coûte la flexibilité de mon genou !
Je refuse l'opération de mon deuxième genou car je l'utilise pour me baisser, me relever... Un jour, je sais que cette lésion provoquera des douleurs plus importantes ou un blocage. J'aviserai à ce moment là. Pour l'instant, je ne prends pas ce risque. Mon médecin, concertée à ce sujet, partage ma décision. Pour soulager mes douleurs au quotidien, elle me prescrit des antalgiques.

Avant mon accident, je pratiquais la danse country avec passion depuis trois ans. Ne pouvant pas mettre mon poids sur ma jambe gauche ni la plier totalement, il m'est impossible de songer à reprendre. J'attends avec amertume. Peut-être qu'un jour...

Je rencontre également un podologue du sport à l'autre bout du département. Je suis impressionnée par le cabinet situé dans une maison bourgeoise rénovée. Il n'est pas seul à exercer dans cette bâtisse. J'entre dans son bureau. Lumineux avec deux fenêtres de part et d'autre de la pièce, il est moderne et le matériel utilisé semble récent. Je lui présente mon dossier : radio, IRM et comptes rendus. Après avoir examiné la radio du cou, il me dit que j'ai subi le "coup du lapin" ! C'est la première fois que j'entends ce mot me concernant. Mais concrètement, qu'est-ce que cela veut dire ? Il m'explique que ma nuque est plus raide et droite, donc les douleurs du cou ne vont pas disparaitre du jour au lendemain. Décidément, encore "une mauvaise nouvelle"! J'encaisse ! Le médecin prend le temps de tout m'expliquer avec empathie. Il effectue son bilan avec des machines reliées à un ordinateur. Celui-ci enregistre les mesures demandées. Il sort les résultats sur papier couleur et m'explique tous les schémas. Il me prescrit des semelles qui devraient me soulager.

A mon travail, je reprends les permanences à l'extérieur. Tout redevient presque comme avant.

Déjà la fin de l'année, depuis plusieurs mois, je passe des **nuits difficiles** et certains matins, je **n'arrive pas à me lever** de suite, j'ai l'impression d'être **épuisée**, de n'avoir **aucune force.**
Onze mois que je supporte cet état de **fatigue** et ces **douleurs**.
Je ne comprends pas ce qu'il se passe mais il faut que j'avance et j'assume pour ma famille, mes enfants.

III

2011, une nouvelle année commence !

Je me dis "Pourquoi pas celle de la guérison" !
Cela fait un an que j'ai eu mon accident.
Malheureusement en ce début d'année, je ne vois pas d'amélioration au contraire, les **troubles visuels** apparaissent de plus en plus souvent et la **fatigue, mon ennemie,** devient **difficile à gérer.**

Le 1er février, avec mes collègues, nous décidons de déjeuner à l'extérieur. Il fait beau, mais frais. En rentrant de ma pause repas, je traverse la route pour retourner à mon travail et je glisse du trottoir. Je me tords la cheville droite et dans ma chute je tombe également sur mon genou gauche. La douleur à la cheville est tellement intense que je m'entends même hurler "J'AI MAL". Je mets quelques minutes avant de me rendre compte que j'étais au milieu de la route. Mes collègues et un policier municipal me relèvent et me font asseoir sur une chaise placée sur le trottoir à mon intention. Un collègue médecin, me parle, mais j'ai du mal à lui répondre, je suis focalisée sur ma douleur. Il enlève ma chaussure et ma chaussette et bouge délicatement mon pied pour vérifier son état. A la vue d'une énorme bosse, je PANIQUE ! J'ai peur qu'il soit cassé.

Le policier, témoin de mon accident, appelle les pompiers. Je les attends.
Je me dis que j'ai vraiment la "POISSE" ! Ce soir c'est l'anniversaire de mon mari, j'ai l'impression que la MALCHANCE me poursuit !

Les pompiers arrivent peu de temps après. Ils m'installent dans leur véhicule. J'appelle mon mari pour l'informer de mon accident.

Je suis emmenée aux urgences de la clinique de la ville. J'ai dû patienter un certain temps sur la civière dans un couloir avant d'être prise en charge.
Enfin, un médecin vient m'examiner. Il me prescrit une radiographie de ma cheville. Verdict : ENTORSE !
Ouf, elle n'est pas cassée, c'est déjà bien.
Mon cas semble complexe et demande réflexion : plâtre ou atèle.

A ce moment là, beaucoup de questions se bousculent dans ma tête. Je me demande "comment vais-je faire pour me déplacer alors que ma jambe d'appui est la droite et l'autre est faible ? Je n'ai pas le choix, je vais devoir solliciter ma jambe gauche. Peut-être cela va-t-il la muscler après tout ? Ce n'est peut-être pas négatif ! "

Enfin, la décision est prise, ce sera une atèle pendant trois semaines avec béquilles. Je ne dois pas poser mon pied et vais revoir mon kinésithérapeute pour la rééducation.

Mes parents sont venus me chercher. Je repars sur une jambe et comme je m'en doutais le déplacement est pénible, douloureux et lent, car je n'ai pas beaucoup de forces. Avec l'année qui vient de s'écouler, j'ai **pris du poids**, d'une part, j'ai cessé toute activité physique (danse, marche...) et d'autre part, malheureusement, **je mange pour compenser**.

Pendant mon arrêt, j'essaie de positiver. Comme je suis immobilisée chez moi, je prends la décision de faire un régime, pour soulager ma jambe, me déplacer et surtout pour mon mieux-être.
Je vais pouvoir me reposer et reprendre des forces. Je dors beaucoup et repose ma jambe gauche, car elle me fait souffrir.
Pour les repas, c'est la galère ! Je suis obligée d'emmener une chose à la fois de la cuisine à la salle à manger. Je n'ai qu'une main et avec l'autre je dois tenir ma béquille. Comme je ne pose pas encore mon pied à

terre, je dois sautiller. Je suis assez habile, mais je mets beaucoup de temps pour faire les allers-retours.
J'avoue que cela peut avoir l'air comique comme ça : une assiette dans la main et un petit saut sans rien faire tomber !
J'essaie de m'organiser au mieux comme l'année dernière, mais ce n'est pas évident. Je fais maintenant attention à ce que je mange, je me sens plus légère. Je suis contente. J'espère que l'état de ma cheville et de ma jambe va vite s'améliorer. C'est le temps qui me le dira.

Je poursuis ma rééducation mais ma cheville est toujours bloquée, je ne réussis pas à la faire pivoter de gauche à droite. J'arrive à marcher, mais je ne ferai pas un marathon ! Cela n'inquiète pas le kiné. Il me dit qu'il **faut du temps** comme pour mon genou et d'être **patiente** !
C'est "**DUR**" quand je ne vois pas d'évolution positive !

En avril, mon mari et moi apprenons à notre fille à faire du vélo. Son casque est bien fixé, ainsi que ses coudières et genouillères. Après lui avoir enlevé les petites roues et expliqué ce qu'elle doit faire, mon mari se met à ses côtés pour l'aider, car je ne peux toujours pas courir. J'immortalise ce moment, en la filmant pour en garder un souvenir. La première lancée s'est bien passée. Elle a confiance en elle et repart de nouveau. Je la réceptionne au retour. Je suis heureuse même si je n'ai pas pu être auprès d'elle. Je suis présente, c'est le principal.

Au printemps, je rencontre mon médecin pour faire un point. J'ai son aval pour reprendre le travail à la fin de mon arrêt et je dois aussi rencontrer un rhumatologue pour mes douleurs à la cheville et aux genoux.

J'ai repris la conduite dès que possible et tous les jours je parcours de petites distances en voiture pour déposer et reprendre mes enfants à l'école et faire quelques courses alimentaires. Je me rends compte que j'ai du mal **à rester concentrée** sur de plus **longs trajets**. C'est **bizarre** cette sensation, comme si cela me demandait des **efforts pour rester fixée sur la route**. Après tout, c'est peut-être le stress de la reprise du travail ! D'ailleurs, comment vais-je être accueillie cette fois-ci ?

Pour ne pas changer, l'accueil est toujours froid, désagréable... ! Je ne suis pas responsable de ce qui m'arrive ! A croire qu'elles pensent que je fais exprès d'être absente et d'avoir des accidents ! Cette réaction est, pour moi, incompréhensible ! Mais je n'ai pas le choix, je dois continuer d'avancer dans cette ambiance.

L'été arrive à bon train. Il fait chaud, mais pourtant **j'ai froid, tout le temps froid**, je dors avec un pyjama d'hiver et une couverture, en été ! C'est peut-être parce que je suis **fatiguée** ? Toujours **cette fatigue qui devient pesante** et l'amélioration de ma santé tarde à venir.

Les vacances ! Ouf, je vais pouvoir souffler un peu et me ressourcer. Nous partons deux semaines dans l'ouest de la France. Je ne peux pas marcher trop longtemps. J'ai vite mal. Je profite de la piscine et fais des exercices dans l'eau pour détendre mes muscles. Comme j'ai maigri, j'ai dû acheter de nouveaux vêtements avant le départ. C'est plutôt agréable. De retour à la maison, je me sens reposée.
Le rendez-vous prévu avec le rhumatologue est arrivé. Un homme de plus de 60 ans m'accueille dans son cabinet composé de meubles anciens avec de nombreux ouvrages qui démontrent un long parcours professionnel. Il m'ausculte et reconnait la limitation de mes mouvements pour mes genoux et ma cheville. Il préconise la nécessité de faire immédiatement une infiltration dans ma cheville. J'accepte en pensant que cela va m'aider. C'est peut-être le remède miracle qui va la débloquer ! Je croise les doigts. C'est un moment douloureux. Ma cheville me fait souffrir et me brûle. Je vais avoir des difficultés à conduire pour renter chez moi. Un autre rendez-vous est prévu en novembre pour constater l'évolution.

Les vacances sont terminées, je dois laisser la place aux autres. Au travail, je bouge beaucoup et me déplace souvent dans les étages. Mais, bizarrement, parfois je **me cogne** contre l'huisserie d'une porte ou sur le coin d'un bureau. Pourtant, je suis sûre de m'engager correctement ou de bien contourner un bureau. C'est étrange ?

J'ai du mal à "tenir" pendant les réunions. Je **fatigue vite**. Je **n'arrive pas à rester concentrée** sur ce qui se dit. Je m'aperçois que je **n'ai pas retenu toutes les informations**, comme si j'avais eu une absence.

J'ai **souvent mal au dos et au cou**, les chaises en salle de réunion ou mon fauteuil de bureau ne sont pas confortables. Certaines fois, je m'y affale pour poser ma tête et reposer mon cou douloureux.

Malgré la pause estivale, j'ai **du mal à organiser mon travail**. Quand je me dépêche pour taper des rapports, je **ressens une instabilité** comme si **ma tête tournait**. C'est comme pour mes yeux, ce n'est que de temps en temps et de façon impromptue.

Un soir, mon mari me fait remarquer que je **deviens impatiente**. Je ne comprends pas de suite ce qu'il veut me dire. Je suis toujours de bonne humeur, pourtant ! Mais après quelques jours de réflexions, je me rends compte qu'il a raison. **Je râle, réagis de manière impulsive, m'emporte pour un rien, change souvent d'humeur** et cela, sans m'en apercevoir.

L'obscurité s'installe de plus en plus tôt. Je **ne suis pas à l'aise en conduisant la nuit**, comme si **je ne roulais pas droit**. Quelque chose me dérange, mais quoi exactement, les **phares des voitures**, le **temps assombri** ? Je ne comprends pas, mais je continue d'avancer. Cela passera !

En novembre, je revois le rhumatologue. Je l'informe que je n'ai constaté aucune amélioration depuis trois mois. Il me propose de me faire une nouvelle infiltration, je la refuse. La première a été douloureuse et je ne veux pas le revivre surtout que cela n'a rien résolu. Il me propose de le revoir dans 3 mois, mais je décide de ne pas poursuivre avec lui.

Je ressens le besoin de me tourner vers un autre spécialiste pour m'aider sans savoir lequel aujourd'hui !

Après l'automne, l'hiver, la saison ne m'aide pas à me réchauffer. **J'ai toujours aussi froid.** Noël approche, je vais dans les magasins pour acheter les cadeaux, mais je **mets plus de temps que d'habitude. J'ai du mal à faire des choix comme si tout s'embrouillait** et **je me fatigue vite.**

Enfin tout est prêt. Les fêtes de fin d'année se passent correctement, mais **je deviens de moins en moins patiente** !

IV

Depuis le début de l'hiver, **j'ai tout le temps faim comme si mes réserves étaient vides** et que **j'avais besoin de reprendre des forces**. Malheureusement, je commence à reprendre du poids. Je décide d'attendre les beaux jours pour entamer un nouveau régime et retrouver un bon équilibre alimentaire.

Les fêtes de fin d'année sont terminées, j'en ai bien profité avec ma famille. Heureusement, je suis bien entourée. Cela me permet de penser à autre chose.
Mes enfants ont bien grandi et ont été comblés pour les fêtes. Je fais en sorte qu'ils ne soient pas lésés sans trop les gâter. Je me sens coupable, j'ai l'impression de les avoir abandonnés, car **je n'ai plus assez de forces** pour passer autant de moments avec eux. Je pensais qu'avec le temps je pourrais de nouveau jouer avec mes enfants, mais ce n'est pas le cas. **Je suis tellement lasse et c**haque activité me demande des efforts considérables.

Mon changement d'humeur est de plus en plus marqué. Je m'énerve facilement. D'ordinaire, il m'en faut beaucoup pour que je sorte de mes gonds. Il me suffit d'une petite contrariété pour que je me mette en colère. Avant j'étais calme, posée, patiente. Cela ne me ressemble pas !

Cela fait un an que j'ai eu mon entorse et je présente encore des séquelles.
J'ai également toujours **des douleurs et de moins en moins de forces dans les jambes**. Mes séances de kiné, une fois par semaine, me font du bien. Je suis suivie régulièrement par mon médecin pour mes deux accidents du travail. Lors d'une consultation, je lui reparle de **ma fatigue qui s'amplifie**. Elle prend ma tension, **elle est basse**, j'en suis à

moitié étonnée. **Je suis tellement fatiguée** ! La rééducation de mon cou, mes chevilles et mes genoux me soulage, mais pas à long terme. Les séances sont donc renouvelées. Sur les conseils d'une amie, je décide de consulter un acuponcteur. Cette médecine douce lui a permis d'atténuer certaines douleurs. Pourquoi pas pour moi ? Je suis prête à tout essayer !

Les mois passent, à force de persuasion, j'arrive à plier légèrement mon genou. Ma cheville reste bloquée, incompréhensible ! Il me semble indispensable de me remuscler les jambes. J'aimerais reprendre une activité physique. Je me décide à recommencer doucement la danse country à la rentrée. Il faut que je bouge et j'ai envie de me changer les idées.

En septembre, reprise des cours de danse. Je préviens mon professeur que je ne ferai plus les "démo de country" comme avant, le principal c'est de passer du bon temps en allant à mon rythme. Ma mère danse au club également, cela me permet d'être avec elle. Elle va m'aider à me remettre "dans le bain" en révisant car depuis j'ai oublié beaucoup de pas et de chorégraphies.

Malgré mon assiduité, c'est difficile. Je n'arrive pas à pivoter sur ma cheville et sur mon genou, je prends donc du retard. Mais cela va s'améliorer progressivement ! J'y crois !

En Octobre, **je m'aperçois que je n'ai pas mémorisé les danses apprises** depuis un mois. C'est bizarre, pourtant elles étaient faciles. Mais je continue.

Même constat en novembre !

Lorsque je pivote **j'ai du mal à garder mon équilibre. Le fait de tourner sur la gauche ou sur la droite est totalement déstabilisant pour moi.** Je force peut-être un peu trop ! **Ma fatigue est toujours là** et cela fait longtemps que je n'ai pas pratiqué de sport. Mon corps doit se réhabituer et je me laisse du temps en allant doucement.

Nous décidons de partir un week-end dans un parc à thèmes. Je me réjouis de cette escapade pour profiter de ma famille. Les enfants sont excités à l'idée de ce qu'ils vont trouver sur place. Malgré le mauvais temps, nous découvrons le parc de loisirs. Les thèmes sont divers et variés, de type technologique, scientifique et ludique. L'approche sensorielle et visuelle est nouvelle pour nous. C'est une première et nos yeux brillent d'excitation. Au cours du séjour, **de drôles de sensations m'envahissent.** "Drôles" est un grand mot et pas si "rigolo" que ça ! A la sortie d'une attraction, **je me sens toute chose et nauséeuse.** Que se passe-t-il ? Ai-je mal digéré mon repas ? Est-ce **la projection de ce film en 3D qui me provoque ce désagrément? Est-ce la fatigue** ? Une fois dehors, je me sens un peu mieux. Cela me questionne !

De retour, je suis convoquée pour une expertise médicale concernant mon genou et la poursuite des soins. Je dois m'y rendre en voiture, dans le département voisin. **Mes difficultés liées à la conduite sont de plus en plus présentes et plus intenses.** La route est longue et **je suis fatiguée** quand j'arrive au rendez-vous. Le rhumatologue qui me reçoit, évalue rapidement mon état de santé. Il conclut que ma pathologie n'évoluera plus, que je ne récupèrerai pas la flexibilité de mon genou et rajoute que je dois me faire à cette idée ! A cet instant, il me dit que cela ne sert à rien de continuer les soins. Il reconnait tout à fait mes problèmes de santé, mais affirme que je n'ai plus besoin de soins ? Ce n'est pas logique ! Malgré mes arguments apportés, je n'ai pas mon mot à dire, sa décision est IRREVOCABLE !

Je sors de son cabinet complètement décomposée et en pleurs. La phrase : " **vous avez des problèmes de santé, mais les soins ne servent à rien !** " s'entrechoque dans ma tête.

Quelques jours plus tard, je reçois une lettre m'informant que mon dossier est effectivement clôturé. Le service médical de mon employeur suit donc la conclusion de l'expert. Pour moi, c'est incompréhensible et totalement incohérent.

Je ne peux pas arrêter mes séances de rééducation ! Je n'arriverai pas à tenir au niveau de mes douleurs et continuer à progresser. Je sais que je peux récupérer la souplesse de mon genou. Je n'en démords pas. Mes séances ne seront donc plus prises en charge par mon employeur, je les poursuivrai à mes frais en lien avec mon médecin traitant.

Décembre 2012, mon fils va avoir 10 ans. Mon mari et moi décidons de lui organiser un anniversaire surprise. Les invitations ont été remises à ses copains sans qu'il le sache. Je lui en prépare également une que je lui donnerai quelques minutes avant leur arrivée. Samedi matin, tout est prêt, le gâteau, les bonbons, le matériel et les décorations sont dans le coffre de ma voiture. J'ai déposé ma fille chez mes parents. Au déjeuner, je remets à mon fils son enveloppe. Il est étonné. La surprise produit l'effet escompté. La sonnette de la porte retentit, il va ouvrir. Un premier copain arrive, puis un second... Tout le monde est là, nous prenons la voiture pour nous rendre au Laser Game ! Une fois arrivés, nous formons les équipes et mon mari entame le jeu avec eux. Pendant ce temps, je prépare la table d'anniversaire. Je suis assez satisfaite de moi. Les enfants reviennent ravis, je leur sers à boire en attendant la deuxième partie. C'est à mon tour de participer pour une mission en équipe de deux. Je demande un volontaire. Au bout d'un moment, l'un des copains lève enfin la main. Sauvée, je n'ai pas besoin d'en désigner un. Nous nous engageons dans une pièce intermédiaire pour nous équiper et rentrons dans l'espace de jeu. La pièce est immense, sombre avec des cachettes et des repères fluo. Il y a également un étage puisque j'aperçois un escalier avec une passerelle. Je comprends rapidement le but du jeu et j'essaie de viser les cibles situées sur le torse et le dos des enfants. **Je constate qu'il m'est difficile de me déplacer dans la pénombre.** Le jeu se déroule dans une bonne ambiance, mais trop vite au goût des enfants, pour ma part je suis soulagée que cela se termine ! Nous nous sommes bien amusés et sortons en sueur de la pièce. Nous nous installons autour de la table, mon fils souffle ses bougies et ouvre ses cadeaux. Il est heureux, je le suis également. Un employé nous donne les résultats et à ma grande surprise, l'équipe gagnante est la mienne. Je suis fière. Les garçons ont les yeux qui pétillent. Ils ont passé une bonne journée et vont en garder de bons souvenirs. C'est l'heure du retour. **Je suis exténuée** par cette journée alors que je n'ai pas l'impression d'avoir fait grand chose.

Au quotidien, je suis obligée de **m'arrêter de marcher pour utiliser mon téléphone portable**, sinon j'ai une **drôle de sensation** qui m'envahit. Il en est de même quand je suis sur l'ordinateur, **les mouvements de tête de bas en haut**, quand je défile le document, m'occasionnent aussi **cette sensation désagréable.** Je dois donc **adapter des mouvements plus lents** pour une relecture ou changer de fichier ou passer d'une icône à une autre et **suis obligée de rapprocher les documents papiers pour éviter de baisser trop la tête.**
Que m'arrive-t'il ? Est-ce dû à cette **fatigue chronique ?** Tout devient **dur, même pénible.** Heureusement, j'ai une semaine de congés, j'ai besoin de repos.

Les fêtes de fin d'année sont **fatigantes** pour moi. Je ne dis rien mais je n'ai qu'une envie "**aller me coucher tôt**". J'essaie toutefois de profiter de mes enfants et de tout le monde dans une ambiance conviviale, mais **tout en étant à bout** !

2013, j'ai toujours l'impression que malgré le temps qui passe, **rien ne s'améliore.** J'ai certes repris la danse mais c'est **très dur physiquement, je n'arrive ni à suivre le rythme ni à retenir les pas.** Je commence à me **décourager.** Les douleurs dans ma cheville droite résonnent dans mon talon. Parfois, je n'arrive pas à poser mon pied entièrement, tellement c'est douloureux et m'oblige à solliciter ma jambe gauche qui me fait souffrir également.

Les nuits sont dures, je dors mal. Des douleurs dans mes jambes apparaissent même la nuit et me réveillent. A celles-ci s'ajoutent **des maux de ventre** au petit matin. Pour les faire passer, je dois me lever.

Mais **dans le noir**, je constate que **je n'arrive plus du tout à me déplacer**, comme si **je n'avais plus de repères dans l'espace**. Je pensais être juste devant la porte de la salle de bains, alors que j'en étais encore loin. Je prends donc une lampe électrique.
Mes nuits sont de ce fait très courtes. **Je n'en peux plus** !

Mes **troubles visuels** se déclenchent **quotidiennement** depuis quelques temps. **Mes yeux partent** quelques secondes **sur le côté**, c'est extrêmement **gênant** et **incontrôlable**. Je n'arrive plus à **fixer les objets et les textes** que je tape sur ordinateur. Quand je regarde l'heure, il me faut **plusieurs secondes pour la lire**. Et fait nouveau, **ma vue devient floue** pendant quelques minutes. Je dois attendre que cela passe. C'est **déconcertant**. Je ne comprends pas.

Je suis **épuisée** et toujours **gelée**. **Je n'arrive plus à me lever le matin, ni à m'organiser au quotidien. J'ai mal partout,** aux jambes, au talon, à la cheville, à la tête et au cou. Quand je me promène, **je ne suis pas stable** et **je dois regarder par terre pour marcher droit**. J'arrête même la danse country. Tout cela **m'effraie**, j'en échange avec mon mari, il ne comprend pas non plus.

En voiture, c'est également de **plus en plus dur**. J'écoute doucement la musique, **je ne supporte plus le bruit,** cela m'occasionne **des vibrations dans mes oreilles**. Lorsque je prends les routes sans éclairage, j'ai l'impression de **perdre mes repères**. Il m'est **difficile d'évaluer les distances pour doubler**, je reste donc derrière les voitures et même les tracteurs. J'ai du mal à **fixer les panneaux, mes yeux bougent** de façon incontrôlée. **La conduite de nuit devient impossible.** Les phares des voitures m'aveuglent et **je ne vois plus la route**. Dans les endroits sombres, **je suis obligée de me mettre en pleins phares**. **Je regarde les bandes blanches au sol pour éviter de me déporter** trop à droite ou à gauche surtout si je croise une autre voiture. C'est effrayant, je me sens **dangereuse** !

Quand j'effectue une **marche arrière**, c'est **insupportable**, comme si **mon corps partait en arrière et ma tête en avant**. Ce phénomène est **troublant** et **incompréhensible** !

Faire les courses est également pénible. **Je m'agrippe au caddie**, j'ai l'impression **d'être attirée par le sol** du côté droit et cette sensation m'arrive aussi **dans la rue**. Lorsque je m'engage dans un rayon, j'ai l'impression **qu'il se ressert en pointe au dessus de moi. J'étouffe** ! Les courses deviennent **ingérables**. Je suis totalement déstabilisée et inquiète de mon état. Je rentre encore plus fatiguée, **comme si j'avais couru un marathon**.

Au travail, **je ne peux plus effectuer plusieurs tâches en même temps**, sinon je **bloque**, je **m'embrouille**, **ma mémoire me fait défaut**, je perds du temps à me recentrer. Je ne comprends pas, mais j'évite surtout de le montrer pour éviter, à nouveau, des réflexions de la part de mes collègues.

Le bruit dans mon bureau, où nous sommes cinq, m'est fortement insupportable et me parasite. **Je n'arrive même plus à me concentrer** sur mes conversations téléphoniques ou sur la lecture des rapports. Je suis obligée de **me boucher les oreilles** ou **de changer de bureau pour travailler au calme**. Et avec tout ça je continue à m'épuiser de plus en plus !

STOP ! Ce n'est plus possible ! **Je n'en peux plus**. J'ai l'impression de **couler**, de **sombrer**, de **perdre pied**, de **devenir folle** et de **m'enfoncer dans du sable mouvant** ! J'ai besoin de trouver des réponses aux multiples questions que je me pose. Je décide de rencontrer mon docteur pour qu'elle m'aide à m'en sortir.
Je ne peux plus continuer à vivre ainsi.

V

Avril 2013, lors de ma consultation, j'informe mon médecin que mes douleurs s'intensifient et j'énumère tous les nouveaux troubles et symptômes qui me "**bouffent la vie**". Même si je la rencontre souvent, à part la fatigue c'est la première fois que je lui parle de tout le reste. Depuis deux ans, j'ai tout mis sur le dos de la **fatigue**, mais n'est-ce pas plutôt un **symptôme** et non une cause de ce qui m'arrive ?
Elle prend ma **tension**, c'est la catastrophe, elle est **très basse**. Elle comprend mon **épuisement** et s'étonne que j'ai pu tenir aussi longtemps dans cet état. Elle me conseille de rencontrer mon ophtalmologue pour mes problèmes de vue. Pour la tension, elle me donne un traitement. Pour les **sensations d'instabilité** et de **vertiges** que j'ai réussi à verbaliser, elle m'oriente vers un oto-rhino-laryngologiste (ORL) et un orthoptiste. Elle me prescrit également une IRM cérébrale, pour écarter toute pathologie.
Elle décide de m'arrêter, dans un premier temps, pour une semaine.
Me déplacer à son cabinet a été éprouvant et m'a demandé beaucoup d'énergie et de concentration. Je suis **épuisée** par tous ces efforts et dois me reposer. De retour chez moi, je prends tous mes rendez-vous mais les délais sont longs et je dois **patienter**.
Je n'ai **plus aucunes forces**, la **position allongée** est la seule qui me convienne pour amoindrir **mes vertiges**. **Il ne m'est plus possible de faire les tâches ménagères** à la maison, **je laisse tout tomber** ! Mon mari et mes enfants sont obligés de prendre le relais.
Je suis contrainte également de **ne plus conduire**, car je me sens **dangereuse** pour les autres et moi-même. Il est convenu que mon père emmène mes enfants le matin à l'école et mon mari les récupère le soir.
La semaine suivante, aucune amélioration constatée, mon médecin prolonge mon arrêt de travail.

Le 17 avril : rendez-vous avec l'ORL et l'orthoptiste. Mon père m'emmène et me dépose en premier à la clinique. Je suis reçue rapidement. L'ORL est un homme âgé d'une cinquantaine d'années. Son cabinet est scindé en différentes parties, son bureau, sa pièce d'examen avec un fauteuil tournant et une autre pour faire des tests auditifs. Il m'installe directement dans le fauteuil. Après avoir remis le courrier de mon médecin et expliqué le motif de ma venue, il décide de me faire passer immédiatement différents tests : il tourne le fauteuil où je suis installée, me met debout sur un pied puis sur l'autre... et effectue des tests d'audition. Ouf, tout va bien de ce côté là ! Je suis attentive à tout ce qu'il fait et dit. J'espère qu'il va trouver ce qu'il ne va pas.

Il conclut à une absence de surdité en audiométrie, mais compte tenu de **la présence et de la durée de mes vertiges**, il s'oriente vers une névrite vestibulaire ou une maladie otolitique. Mais ce n'est qu'une hypothèse, rien de concret ! Afin de confirmer son diagnostic, il m'oriente vers un autre ORL pour passer **un test spécial de provocation avec vidéonystagmographie (VNG)**. Cela lui permettra de mieux adapter son traitement. En attendant, il me prescrit un **antivertigineux**. Je dois attendre un peu plus d'un mois avant de faire l'examen prescrit. Patienter, patienter, patienter ! C'est dur.

Mon père me dépose ensuite auprès de l'orthoptiste situé dans la même ville, dans un quartier calme et peu passant. J'entre et m'installe dans la salle d'attente, dotée de nombreux jouets pour occuper les enfants. Mon regard se pose sur le lavabo des toilettes qui me fait penser à celui de mon école primaire. Ces images me réconfortent et pendant quelques instants j'oublie tout. Je suis plongée dans mes pensées, quand la porte s'ouvre.

L'orthoptiste est un petit bout de femme dynamique avec un visage rond et souriant. Elle me demande de rentrer dans son bureau exigu. Sur ma droite se trouvent un fauteuil puis un petit bureau avec un ordinateur. Dans le fond la pièce, deux autres tables et des jeux. Je m'installe dans le fauteuil et lui explique le motif de ma venue. Elle m'interroge sur mes antécédents médicaux, mes symptômes, mes difficultés rencontrées, mes habitudes de vie : temps passé sur l'ordinateur, la télévision, la lecture... Elle teste la résistance musculaire de mes yeux ainsi que l'aspect de ma vision en position debout et assise. Elle recherche et mesure à l'aide d'un prisme un éventuel strabisme et la position de repos de mes yeux. Elle examine également ma capacité à loucher avec une petite boule au bout d'un bâton qu'elle approche de mon visage. Cela provoque **une petite crise de vertiges** et déclenche de **violentes nausées**. Elle attend que la crise passe et, tout en faisant attention, reprend son bilan. Elle me demande de fixer des cibles lumineuses, puis des images superposées sans les voir en double à travers des lentilles oculaires (synoptophore) et de discerner des chiffres sur un support en relief. Ces exercices sont difficiles et m'occasionnent de nouveau des **nausées** et des tiraillements dans mes yeux.

A la fin du bilan, elle me confirme la nécessité d'une rééducation pour insuffisance de convergence avec en réaction des signes fonctionnels (douleurs aux yeux, vertiges, nausées...) et rajoute que cette rééducation ne diminuera pas mes troubles visuels ni mes vertiges, cela n'ayant aucun rapport. Ce n'est malheureusement pas la réponse que j'attendais. Des rendez-vous sont pris. Je sors **épuisée** de son cabinet, heureusement mon père est présent et me ramène chez moi.

Je dois encore attendre, attendre... les prochaines rencontres avec d'autres professionnels **pour connaitre le "MAL" dont je souffre**. Ma patience est mise à rude épreuve. **J'ai l'impression de n'être plus bonne à RIEN, de ne plus servir à RIEN !**
Je ne peux que continuer à **me reposer** ! J'ai besoin de **me coucher tôt** tous les soirs pour **récupérer**. Je fais des nuits de 10h, mais **l'énergie au matin n'est pas au rendez-vous. DORMIR, JE NE PEUX FAIRE QUE ÇA !** Je ne sors pas de chez moi. Je suis seule toutes les journées. Je revis exactement les mêmes moments de solitude que j'ai eu lors de mon accident de voiture, l'opération de mon genou et l'entorse à ma

cheville. Heureusement, de temps en temps, ma famille et mes amis prennent de mes nouvelles. Cela permet de m'occuper l'esprit.

En mai déjà un mois d'arrêt et je ne constate **aucune amélioration** de mon état de santé. **Le temps me semble très très long.** Le printemps est arrivé avec sa douceur et le soleil brille à nouveau. Je commence à profiter de mon jardin et m'installe fréquemment dans une chaise longue.

Le 11 mai, mon père me véhicule pour passer l'IRM cérébral dans une clinique à côté de chez moi. Je me présente au secrétariat pour faire mon dossier et je patiente. C'est mon tour. Je me déshabille et mets une blouse. J'ai froid car la pièce est très fraiche. Je m'allonge sur la table et le radiologue me donne des consignes, que je connais déjà et m'attache la tête pour ne pas bouger. Il me pose des écouteurs contre le bruit. La table rentre dans le tunnel. Je ne suis pas trop stressée, mais je me questionne sur les résultats, comme pour mes genoux. Du déjà vu ! La table est maintenant stabilisée. L'examen commence en musique, je ferme les yeux pour ne pas les bouger et me concentrer. La table sort enfin du tunnel, je sais que c'est fini. Cela m'a paru très long. J'attends le compte rendu le coeur battant. L'inquiétude m'envahit. La secrétaire m'appelle et me remet les radios. J'ouvre de suite, rien d'alarmant. Je suis soulagée ! Malgré cette bonne nouvelle, j'ai l'impression de ne pas avoir avancé. Je ne suis pas sereine. JE SOUFFRE DE QUOI ? Je dois **ATTENDRE** encore une quinzaine de jours avant de rencontrer le deuxième ORL.
Cela me parait long, long, très long !

Le 25 mai, mon mari m'emmène pour le deuxième rendez-vous ORL, dans une autre clinique, pour passer le fameux **test VNG** !
Je sors de la voiture et y vais seule la boule au ventre. Pendant ce temps, il part se promener pour occuper les enfants. A peine installée en salle d'attente, l'ORL m'invite à entrer dans son cabinet. Il est im-

mense et composé de deux pièces, sa salle d'examen et son bureau. Il me demande de m'asseoir.

Après avoir expliqué tous mes symptômes, remis l'IRM et le courrier du premier ORL rencontré, il procède à l'évaluation de plusieurs tests :

-Il me place un vibrateur derrière mon oreille à gauche et à droite (**test vibratoire**).

-Les yeux fermés, il me secoue la tête de droite à gauche pendant quelques secondes de façon rapide. J'ouvre à nouveau mes yeux et il observe leurs mouvements (**test de secouement de la tête/Head Shaking**).

-Assise sur la table d'examen, il me tient la tête entre ses mains et me demande de me détendre. Brusquement, il me fait passer de la position assise à couchée sur le côté, la tête tournée à 45 degrés (**épreuve de Dix et Hallpick**).

-Debout, talons joints, bras tendus, je ferme les yeux et je dois tenir plusieurs secondes dans cette position (**test de Romberg**).

Ce n'est pas fini, nous passons ensuite dans une autre salle toute blanche.

En son milieu, se trouve un fauteuil rotatoire en face d'écrans. Je m'y installe avec appréhension et me demande ce qu'il va se passer ?

Il va maintenant pratiquer le **test VNG**, constitué de différents exercices.

Je regarde un écran sur lequel se trouvent des lignes et des points. Je dois lui indiquer où se trouve le point rouge comme dans une bataille navale !

Il me place ensuite un casque doté d'une caméra infrarouge sur les yeux. Il fait tourner la chaise de droite à gauche et inversement yeux ouverts et fermés.

Les tests s'enchainent et continuent. C'est pénible de subir tout cela. Je suis nauséeuse. Il faut que je tienne pour aller jusqu'au bout et avoir une réponse !

Il réalise ensuite un **test calorique**. Je risque d'être un peu mouillée. Il commence par m'injecter à l'aide d'une grosse seringue, de l'eau chaude dans une oreille puis l'autre et ensuite de l'eau froide. Mon dieu, **l'effet est immédiat, j'ai l'impression qu'il me fait tourner comme une toupie sur la chaise** et je l'interpelle pour l'alerter de mon mal-être ! Il pose ses mains sur mes épaules pour me prouver que je ne bouge pas, pourtant ça tourne ! J'ai envie de **vomir**, tellement c'est intense et j'en **pleure**. Je rouvre mes yeux larmoyants et respire à fond pour faire passer mes **nausées**. Je cramponne toujours les accoudoirs du fauteuil. J'ai perdu la notion du temps avant que tout redevienne normal !

Les tests sont **ENFIN** terminés. L'ORL pose son diagnostic.

Certains tests réalisés apparaissent normaux, sauf deux. Il a constaté des saccades et une nette tendance à reculer en posture debout avec une chute imminente. Les termes qu'il emploie ne me parlent pas ! Je reste encore dans le FLOU ! Même s'il a diagnostiqué une "maladie", il ne m'en dit pas plus. Il doit me transmettre ses conclusions prochainement et m'oriente vers un kinésithérapeute vestibulaire pour approfondir ses conclusions. C'est la première fois que j'entends parler d'un tel professionnel. C'est qui, que fait-il, quelle aide peut-il m'apporter ?

Il me remet les coordonnées du seul spécialiste du département.

Je sors **découragée,** car je suis **ballotée de spécialistes en spécialistes** ! Rien de concret à l'issue des rendez-vous successifs.
PERSONNE NE ME DIT DE QUOI JE SOUFFRE !
PERSONNE NE M'ECOUTE VRAIMENT, les professionnels passent immédiatement à leurs tests, pour au final, n'avoir **aucune réponse précise à me donner comme si j'étais un CAS DESESPERE !**
Quand cela va-t'il s'arrêter ?
Cela fait bientôt deux mois que je suis en arrêt, mon état reste inchangé, j'essaie de me persuader de ne pas baisser les bras, mais je n'en peux plus ! Je suis dépitée.

Le 31 mai, mon père m'emmène pour rencontrer monsieur M., kinésithérapeute vestibulaire. Grâce aux explications données par la secrétaire, je trouve aisément son cabinet situé dans un ensemble d'im-

meubles. Je prends l'ascenseur, car l'escalier est en colimaçon et cela m'est impossible de passer par là. Je me présente auprès de la secrétaire qui me remet un questionnaire à remplir. Je m'installe en salle d'attente et je prends connaissance du document recto-verso composé de 25 questions, comme par exemple :
"A cause de votre problème d'instabilité vous sentez-vous découragé?"
"Est-ce que votre problème d'instabilité restreint votre participation à des activités sociales comme vous rendre à un dîner, aller au cinéma, danser ou aller à des soirées?"
"A cause de votre problème, avez-vous peur de sortir de chez vous sans qu'une personne ne vous accompagne" ....

Monsieur M. m'appelle et m'invite à entrer dans une toute petite pièce bleue foncée avec, en son milieu, un fauteuil pivotant - **encore un !** - une télévision au dessus et des étagères en face avec différents produits.
Je prends place et lui reste debout en face de moi. Je lui explique ce qui m'amène, montre mon dossier médical et lui remets le questionnaire rempli. **Il prend le temps de m'écouter**. Cette attention m'étonne car c'est **la première personne qui semble s'intéresser avec beaucoup d'empathie à mes difficultés de santé**. Il me pose des questions et écoute tout mon chemin parcouru jusqu'à son cabinet. Puis, nous passons maintenant aux choses sérieuses : **le bilan**.
Il pose sur mes yeux la caméra infrarouge. Je suis plongée dans le noir. Il me fait pivoter de droite à gauche et de gauche à droite, puis me l'enlève. Il me demande de fixer une tige avec un embout rouge pendant qu'il me tourne sur la chaise brusquement. **J'ai les yeux qui tirent, des nausées et un mal de tête arrivent.** Prévenant, il me demande comment je me sens, tout en se doutant de la réponse.
Nous changeons de pièce et nous nous dirigeons vers la "salle de sport" pour faire "une projection cinéma". Que veut-il dire ?
Une autre personne est présente et fait l'exercice avec moi. Le kiné tire le rideau et éteint la lumière, la pièce est dans le noir. Il allume une

"machine", là, je comprends quand il parle de cinéma. Je pense tout de suite à une boite de nuit avec une boule à facettes. Je dois rester debout, les bras le long du corps, les pieds écartés et fixer le mur alors que les lumières défilent devant moi. C'est un exercice très déstabilisant et à plusieurs reprises **je tangue comme sur un bateau**. Je suis **attirée par le sol**, pars sur le côté ou en arrière, j'ai la sensation de tomber, je tente de me rattraper. Je me sens en sécurité, car le kiné est derrière moi et ne me quitte pas des yeux, il me rassure, je sais qu'il peut me retenir si je tombe.

L'examen prend fin, je suis épuisée, j'ai des nausées, mal aux jambes et aux yeux. Nous retournons dans la pièce bleue pour faire le point.
Monsieur M. me regarde et me dit : "**je sais ce que vous avez, je vais pouvoir vous aider**".
ENFIN, une **REPONSE**, une personne qui "**SAIT**" ! Je comprends maintenant que j'ai un syndrome avec vertiges. Pourquoi ? Cela reste à déterminer dans la rééducation qui s'engage. Je me sens **soulagée**, il va pouvoir m'aider à me sortir de cette galère. J'ai les larmes aux yeux. J'ai envie de lui sauter au cou. Il m'apparait, à ce moment là, comme "**MON SAUVEUR**" ! Avant de partir, je ne peux m'empêcher de lui demander si je peux l'embrasser pour le remercier. Il accepte, je pense qu'il a dû sentir que c'était important pour moi.
La secrétaire programme vingt séances pour commencer. Intérieurement, je me dis : "**je vais vite me rétablir et en peu de temps**" !
A la demande du kiné, elle me donne une ordonnance pour acheter un collier cervical souple que je dois porter pour limiter les tensions de mon cou.

De retour à la maison, je me questionne sur ce syndrome et me connecte sur internet pour en savoir plus. A ma grande surprise, je ne trouve pas grand chose, juste un article sur les symptômes occasionnant des vertiges, cela ne m'avance guère !

Je rencontre à nouveau mon médecin. Après lui avoir expliqué en détail tout mon périple, elle se réjouit d'une solution trouvée et me prescrit ma rééducation vestibulaire. Compte tenu des déplacements, elle me propose un accompagnement en véhicule sanitaire léger (VSL) que je refuse instantanément. Pourquoi ?

Je ne veux pas être tributaire de quelqu'un tout le temps et surtout je ne suis pas "handicapée" ! D'autres personnes en ont plus besoin que moi ! Mon père m'a également beaucoup aidée, mais il a sa vie aussi, je ne peux pas tout le temps lui demander de me véhiculer comme un taxi. Ce qu'il a fait jusqu'à maintenant c'est déjà beaucoup et l'en remercie de tout cœur.

Je veux reprendre ma vie en main. Je décide donc d'y aller par mes propres moyens en reconduisant après deux mois d'interruption.

Je commence ma rééducation vestibulaire deux fois par semaine en juin.

J'appréhende ma reprise de conduite ! Je monte dans ma voiture et enclenche la marche arrière. Mes sensations sont toujours les mêmes. Je roule, je suis troublée mais je me persuade que tout va bien se passer! Je me rends compte que je conduis doucement, mais je ne peux pas aller au delà, car **la vitesse intensifie mes troubles**.

Lors de ma séance, j'informe mon kiné que je prends ma voiture pour venir. Il adhère mais à certaines conditions : je dois **rouler de jour**, **pas plus de vingt minutes**, à **70 km/h maximum** et **ne pas prendre les autoroutes**. Le cabinet se situant à trente minutes de chez moi quand ça roule bien, je suis obligée de **faire des pauses** en partant et en revenant de mes séances.

VI

Après un mois de rééducation, il n'y a pas de changement ! Je suis **impatiente**, je pensais que je serai vite **guérie**. Mon kiné vestibulaire me dit de **ne pas griller les étapes, d'aller au rythme de mon corps**. Je dois même **changer ma façon de vivre**, faire les choses autrement. Je dois dorénavant **prendre du "temps" et "plus de temps" pour réaliser une action.**

Pour l'instant, ma rééducation se fait uniquement dans la salle bleue sur la "chaise de torture", en fixant l'embout rouge. Pendant plusieurs semaines, je dois faire cet exercice qui me chamboule à chaque fois.
Quelques semaines plus tard, nouvelle étape de rééducation : "salle de sport", "séance cinéma" et massage.
Séance en salle de sport : je marche sur un coussin étroit en mousse, un pied devant l'autre comme sur une poutre, en aller-retour, en fixant un point face à moi, puis je recommence en bougeant la tête de haut en bas et de gauche à droite. Cet exercice me **déséquilibre**.
Je m'assieds sur un banc, pose mes pieds sur des rouleaux avec des picots en plastique et roule mes plantes de pieds dessus. Cet exercice a pour but de "réveiller" les capteurs sensoriels de la voûte plantaire.
Séance de cinéma : je m'installe avec d'autres personnes face à un mur, derrière nous, un banc pour nous assoir en cas de besoin. Monsieur M. nous projette des lumières à l'horizontal vers la gauche puis vers la droite. C'est assez **déstabilisant** ! Pendant la projection, il demande à chacun de décrire sa semaine et sa récupération. C'est à mon tour, **j'ai du mal à parler et à rester concentrée** sur l'exercice, mes yeux n'arrivant plus à rester fixes.
Les lumières sont maintenant projetées verticalement. C'est de plus en plus dur, cela me provoque **des bouffées de chaleur** qui m'obligent à m'asseoir. Après la séance, je ne me sens pas bien, **mes jambes sont en**

béton tellement je me suis crispée. Mon cou me fait souffrir, non, en fait, j'ai **mal partout** de la tête aux pieds.

Séance de massage : monsieur M. me demande de m'allonger sur le ventre sur la table de massage sous une grosse ampoule chauffante. Il sort s'occuper d'autres patients. Je suis bien installée. Je commence à me détendre, mes yeux sont lourds et... je m'endors. Oups, la porte s'ouvre, le kiné revient. Cela me réveille et il le voit. J'en avais besoin, cela m'a fait du bien et il me le confirme. Tout en me massant, nous entamons une discussion intéressante. J'obtiens des réponses à certaines de mes questions. J'ai l'impression d'être **enfin ECOUTEE et COMPRISE**. C'est impressionnant comme cela me **fait du BIEN** ! Je n'ai pas vu le temps passer, cela fait plus d'une heure et demie que je suis dans son cabinet. Je réalise ces exercices deux fois par semaine au cabinet et sur ses conseils, je marche ou fais du vélo pour travailler mon équilibre et **augmenter ma tension**, surtout de **porter mon collier cervical** pour des activités spécifiques. Je sens enfin une petite amélioration de mon état.

Un matin de début juillet, je me lève avec des douleurs articulaires et des éruptions cutanées sur mes chevilles, genoux et poignets.
Je rencontre mon médecin en urgence. La douleur s'étend de la tête aux pieds, mes doigts sont crispés, le moindre mouvement m'est insupportable.
Après m'avoir auscultée, elle suspecte un parvovirus B19. Elle me prescrit une prise de sang pour le vérifier. Elle m'explique que mon corps est **épuisé**, donc plus sensible aux microbes et virus. Elle me prescrit uniquement des antalgiques pour diminuer les douleurs qui persisteront une semaine.
Elle prend ma tension et me préconise le **port de collants de contention** pour l'augmenter.
Nous échangeons sur l'évolution de ma rééducation et abordons une éventuelle reprise de travail en un mi-temps thérapeutique que j'accepte. Elle me prépare un certificat que je dois remettre à ma direction.

Je sors du cabinet et me rends directement au laboratoire pour faire ma prise de sang.

En parallèle, je prends contact avec le service de santé de mon employeur pour connaitre la démarche à suivre. Toutefois **ma pathologie ne faisant pas partie de la liste** pour prétendre à un mi-temps thérapeutique, il me fait comprendre que **la commission le refusera**. Je suis étonnée ! Mais il ne me laisse pas le choix. Si je reprends le travail ce sera à 100 % !

Quelques jours plus tard, les résultats confirment bien la présence du virus. Je suis soulagée, c'est bénin ! Normalement ce sont les enfants qui l'attrapent, les adultes présentent une réaction plus conséquente, comme pour moi ! En une semaine, tout rentre pratiquement dans l'ordre.

Pendant les vacances d'été, je pars quinze jours en juillet. Même si je suis limitée dans mes activités ou les visites, je profite de ma petite famille.

A mon retour, je reprends deux semaines de séances avant les congés de mon kiné. J'appréhende, j'ai **peur** que mon état s'empire en son absence. Il m'indique les exercices à réaliser pour maintenir la rééducation jusqu'à la reprise en septembre.

Début août avec l'accord de ce dernier et de mon médecin, je tente ma reprise du travail. Ma tension est remontée, mais mon docteur me met en garde, je dois y aller doucement.

Cela fait quatre mois que je suis arrêtée et j'ai l'impression **de ne servir à RIEN !** Je dois retravailler !

Ça y est, la route s'est bien passée et je suis installée à mon bureau sans trop d'appréhension sachant par avance qui seraient présentes ce jour-là !

J'ouvre mon ordinateur. J'ai de nombreux mails à lire. J'enlève la boite vocale et déjà un appel téléphonique. La cadence reprend ! Je ne m'inquiète pas, je vais vite me remettre dans le bain. Cela va aller ! En plus, l'ambiance est plutôt détendue, beaucoup sont en congés ce qui va faciliter ma reprise.

Déjà le premier jour écoulé, le rythme est soutenu. Je sais que je **dois reprendre en douceur**, mais ce n'est pas évident quand on est sollicité de toutes parts. J'ai vécu longtemps **sur mes réserves** pendant plusieurs mois et je me suis **écroulée**, je ne veux pas que ça recommence.

Une semaine passe et encore une autre.

La **fatigue** est toujours là ! Le plus dur je pense, c'est de devoir faire comme avant alors que **tout est différent**. Il ne m'est **plus possible de réaliser plusieurs tâches en même temps**. J'en informe quelques personnes proches, dont ma chef de service.

Depuis mon retour au travail, **le regard des autres est pesant ! Ils ne comprennent pas ou ne veulent pas comprendre.** Ils cherchent à critiquer mon absence de quatre mois en émettant des hypothèses aux motifs parfois médisants. De mon côté, je veux **cacher ma faiblesse** alors je fais tout pour montrer que je maîtrise mes missions et mes tâches sans problème, même si **ce n'est pas le cas**. !

En septembre, je reprends ma rééducation. Deux soirs par semaine, je quitte mon travail à 17 heures et me rends directement à ma séance, après environ **40 minutes de voiture**. Le trajet me fatigue, mais je n'ai pas le choix. Je passe en moyenne presque deux heures sur place.

En salle d'attente, j'échange fréquemment avec les autres personnes, notamment une jeune femme de mon âge. Je lui demande pourquoi elle est suivie. Elle me répond pour des vertiges. Et j'avoue qu'à ce moment là, je me suis dit, mais **"JE NE SUIS PAS TOUTE SEULE DANS CE CAS** !" Et ça me rassure ! Jusqu'à maintenant, je pensais que cela ne touchait que les personnes âgées.

Quand je me rends à la salle de sport, je fais mes exercices et ne vois pas le temps passer. Mon kiné me montre un nouvel exercice. Sur un coussin le dos au mur, je dois faire un mouvement de tête de haut en bas puis de gauche à droite les yeux ouverts. Puis, je recommence le même exercice en fermant les yeux. C'est plus dur. **Je perds mon équi-

libre. Dès que je ferme les yeux, **je ne sais plus où je suis**. C'est ce qu'il se passe quand je dois me lever la nuit. A plusieurs reprises, je me suis retrouvée à tâter les murs pour trouver mon chemin. **Je n'ai plus mes repères**. Cela ne m'était jamais arrivé avant mon accident.

Les exercices m'épuisent totalement, je suis même "**vidée**" ! J'ai besoin de prendre une **collation pour recharger mes "batteries"** avant de reprendre la route. Les retours à mon domicile sont difficiles et je dois **faire des pauses**.

Je veux découvrir ce qui a **provoqué mes vertiges.** J'en discute avec mon kiné, je lui rappelle mes **troubles** : mes yeux qui partent sur le côté, mes sensations de froid, ma tension basse, les effets déstabilisants au cinéma et mon impossibilité de regarder des films en 3D, mes douleurs aux jambes, mon accident de voiture, mon entorse cervicale, mes difficultés à me lever tous les matins et surtout ma fatigue... et tout cela depuis 2010. Il me dit que ces troubles sont des **symptômes** et que mon accident de voiture est responsable du **syndrome** dont je souffre. En entendant cela, je suis très étonnée. Cela fait plus de trois ans déjà, comment est-ce possible ? Il m'informe que j'ai eu "**comme un reset de l'équilibre**". Je **sais maintenant ce qui m'est arrivé** et pour mieux l'expliquer aux personnes de mon entourage, je me compare à un ordinateur dans lequel les données ont été effacées en appuyant sur la touche "Reset". Maintenant, je dois "**tout réintégrer dans mon disque dur**". Pour être plus claire, les exercices que j'effectue, ont pour **objectifs de réapprendre l'équilibre à mon corps**, en réenregistrant toutes les informations. Mon kiné ne sait pas le temps que cela va prendre et précise que **je ne récupèrerai pas à 100 %**. Cette nouvelle information s'entrechoque dans ma tête. Mais j'ai envie de m'en sortir ! Je vise donc les 99,9 % !

Je comprends mieux où j'en suis et connais maintenant "**le responsable**" de mon état : "**MON ACCIDENT DE VOITURE** " que j'ai toujours minimisé. Pour moi, j'avais eu de la chance, malgré mes genoux abimés et mon entorse cervicale. Mais je conçois maintenant, qu'un accident de voiture, même à petite vitesse, peut provoquer des dégâts que je n'imaginais même pas.

Je vois régulièrement mon médecin pour renouveler les séances de kinésithérapie vestibulaire, pour prendre ma tension et vérifier l'évolution de ma santé.

Depuis quelques mois, n'ayant pas d'autres choix, j'ai **adapté ma façon de vivre** sur le plan personnel et professionnel pour minimiser mes troubles. Un exemple, je m'aperçois que lors de mes achats ou au restaurant et même au travail, je me retrouve **en difficulté pour choisir**. Quand j'ai trop de possibilités, tout **s'embrouille** dans ma tête. Je **perds** alors le **contrôle**. Que prendre, que choisir ? Je suis souvent la dernière à donner ma réponse et je me rends compte de l'étonnement et l'incompréhension des personnes qui m'entourent. Certaines ne me prennent pas aux sérieux et se permettent même de faire des réflexions inappropriées malgré mes explications comme "arrête de trop t'écouter", mais je suis **trop lasse pour rétorquer**. "De quel droit peuvent-elles se comporter de la sorte ?" Elles sont blessantes malgré les liens qui nous unissent.

2013 est l'année de nos 10 ans de mariage. Malheureusement, nous ne pouvons pas prévoir de voyage en amoureux, comme une seconde lune de miel, car je n'ai **pas le droit de prendre l'avion à cause de la pression en altitude**. Ce n'est pas cette année que nous pourrons nous envoler vers d'autres cieux et nous changer les idées.

Je suis déçue, mais la fatigue est encore omniprésente avec occasionnellement des nausées, des vertiges plus ou moins forts et des fringales quotidiennes. Je porte régulièrement, voir quotidiennement, ma minerve, cela me soulage un peu.

Mon corps, **toujours épuisé**, n'a **plus de résistance aux microbes**. Une nuit, je suis réveillée par une douleur intense dans toute la partie droite de ma tête, irradiant dans mon oreille. Je prends un antalgique, mais rien n'y fait et cela me provoque de gros vertiges et des nausées. Mon mari se lève pour partir travailler et s'aperçoit que je ne suis plus dans notre lit. Il descend inquiet, je lui explique ce qu'il m'arrive et nous décidons d'aller aux urgences. Il est 5 heures du matin. Je contacte mon père pour qu'il prenne en charge mes enfants.

Arrivée à l'hôpital, je suis prise en charge assez rapidement, mais mon état reste un mystère : "**pourquoi cette crise de vertiges est-elle si intense et ne s'arrête pas !** Je suis installée dans une chambre en attendant de voir un médecin. Mon mari reste en salle d'attente. Pendant deux heures, personne ne vient me voir et la douleur est insupportable. Je demande un médicament pour me soulager, mais personne ne me l'amène. Au bout de trois heures, n'y tenant plus, je décide de me lever pour interpeler quelqu'un. Je me dirige vers la porte en longeant le mur car j'ai du mal à tenir debout. Une infirmière me voit et m'aide à retourner dans mon lit et m'explique qu'elle ne peut rien me donner sans avis médical.

Je ne supporte plus cette douleur intense et le manque de compréhension du personnel médical face à mon MAL. Je n'en peux plus mais je suis contrainte et forcée de l'endurer en attendant qu'un médecin soit disponible !

Un interne vient enfin m'ausculter, effectue des tests visuels et regarde mes oreilles. Le fond de mon oreille droite est rouge. Ne voyant pas mon tympan, le praticien pense à un bouchon de cérumen qu'il faut enlever. Il prend un coton tige pour le faire, mais rien ne se passe hormis une douleur horrible. Il décide donc de fixer un rendez-vous avec l'ORL de l'hôpital pour la fin de matinée et miracle me prescrit un antalgique. Je patiente alors sur un brancard dans un couloir. Cela fait maintenant 6 heures que je suis arrivée à l'hôpital !

A 11h30, l'ORL m'examine à son tour, mais ne voit aucun bouchon ! Il est surpris et mécontent du récit fait sur les urgences et ajoute que mon tympan aurait pu être perforé ! Je suis révoltée et lui en fais part !

La douleur est toujours vive et je n'entends plus de mon oreille. Le praticien répond que cela est normal, car j'ai une **otite infantile**. Pour les enfants, elle passe sans trop de conséquences, mais pour les adultes, elle est plus sévère. Il m'annonce que je vais être sourde de cette oreille pendant au moins un mois. Je suis arrêtée quelques jours pour me reposer. Heureusement que mon mari est présent pour écouter et me retransmettre toutes ces informations.

" **J'ai vraiment la poisse** " ! Pourquoi dois-je subir tout cela ? Pourquoi le sort s'acharne-t-il contre moi ? Depuis quelques mois, je cumule des problèmes de santé, je voudrais que tout cela cesse !

En fin d'année, toute ma famille me souhaite une bonne année et surtout une bonne santé. Je me dis : l'**ETE PROCHAIN** tout sera fini, je serai guérie !
Enfin, je l'espère !

VII

2014, les années passent et pourtant elles se ressemblent. Je ne vois pas forcément d'amélioration en début d'année. J'ai changé ma façon de vivre et je ne l'accepte pas. Pour moi c'est une punition ! Je veux que tout redevienne comme avant ! Je perds **patience**.

Les semaines sont chargées. En plus de mon travail, je poursuis, **deux fois par semaine** la rééducation vestibulaire et une fois par semaine la rééducation de mon genou et ma cheville.
Je décide donc de parler du blocage de ma cheville et de mes genoux au kiné vestibulaire et espère qu'il pourra effectuer en même temps cette rééducation. Il est d'accord. Je suis soulagée car je n'en peux plus : " trois séances par semaine, c'est beaucoup trop " !
Après auscultation, il me confirme que j'ai eu une DOUBLE entorse, qu'elle n'a pas été bien soignée et qu'elle est toujours bloquée. Son diagnostic m'étonne ! Il va falloir du temps pour la débloquer, des exercices sont prévus à la maison et en séance.
Je suis contrariée, cela fait trois ans que je me plains de ma cheville et que l'on me ressasse : " **il faut du temps, il faut patienter** " ! Encore une fois, **une explication et une solution** me sont apportées par mon kiné et me semblent plus rapides que la patience !
Lors de mes exercices, je fais la connaissance de nouvelles personnes avec chacune une histoire différente. C'est vraiment intéressant, j'apprends que de nombreuses causes peuvent provoquer des vertiges. Je découvre que leurs origines peuvent être multiples : surdité, pathologies, grand-âge... Il y a encore quelques temps, je pensais que seules les personnes âgées pouvaient être atteintes de perte d'équilibre et moi, la seule de mon âge ! Cela me rassure quelque peu d'échanger avec elles pour pouvoir avancer vers le chemin de la "guérison".

Mon audition est enfin revenue à la normale au bout de deux mois au lieu d'un mois initialement prévu. Malgré tout cela, j'ai encore plus la "**hargne**". Je veux que mon état s'améliore **vite** en tous points. Je suis encore plus **impatiente**. Ma fatigue me poursuit. J'ai du mal à me lever le matin. Les tensions dans mon corps sont toujours importantes. Je sens que je perds de nouveau mes forces. Il est vrai que mon travail est prenant. Lors des réunions ou des échanges sur des situations, je m'aperçois que j'omets certains détails ou pire que je les ai oubliés ! J'ai des troubles de la mémoire, c'est déstabilisant, je commence à penser que je suis atteinte de la maladie d'Alzheimer. Cela me stresse.

Au bout de quelques mois, je me décide de parler de mes craintes à mon kiné. Il me rassure et me dit que tout va rentrer dans l'ordre. Il faut juste " **du temps et de la patience** ". J'espère qu'il a raison !

J'occupe un poste à tâches multiples, mais je ne peux en assumer **qu'une seule à la fois** et reste **lente** dans sa réalisation. En même temps, je reçois de nombreux appels téléphoniques à gérer chaque jour.

Régulièrement, je dois me déplacer sur des lieux extérieurs à une demi-heure de mon bureau pour recevoir du public, en moyenne une vingtaine de personnes par demi-journée. Ce n'est pas évident, car ensuite je suis complètement **exténuée et victime de vertiges**.

Et ce n'est qu'une partie de mes missions professionnelles quotidiennes!

En mai, ce rythme soutenu depuis plusieurs mois, provoque un important malaise en fin de repas sur mon lieu de travail : **vertiges, bourdonnement d'oreilles, nausées, fourmillements, bouffées de chaleur**. Je sors de la pièce accompagnée de deux collègues, dont ma mère. Je sens **mes jambes se dérober sur le sol**. Elles me soutiennent, je suis un poids mort. Averties de mes problèmes de santé, elles savent ce qu'il faut faire en cas de malaise, elles m'allongent à terre, me relèvent les jambes sur une chaise. La crise est tellement forte que je n'entends plus ma mère me parler. **Tout tourne** autour de moi et c'est insupportable. Je n'ai **plus conscience** de ce qui m'entoure, ni du temps qui passe.

Je reprends tout doucement mes esprits et perçois de nouveau les paroles de ma mère à mes côtés. Elles se sont questionnées sur l'opportunité d'appeler les pompiers. Toujours vigilantes, elles se sont résignées à " **ATTENDRE** " que la crise passe ! Peu à peu mes vertiges diminuent. Je veux me redresser, mais je n'y arrive pas. Elles m'aident, mais mes jambes ne me portent pas et les vertiges reprennent. Je leur demande de me rallonger. Il faut encore attendre !

Au bout d'une demi-heure, je peux enfin m'asseoir. Je suis totalement **vidée, faible et chancelante.** Mes yeux se ferment, j'ai envie de **dormir**. Ma mère et une collègue décident de me ramener à mon domicile. Arrivée chez moi, je m'allonge sur mon canapé et m'endors immédiatement.

A mon réveil, quelques heures plus tard, j'appelle mon médecin pour un rendez-vous. Elle me reçoit le lendemain. Je m'y rends en voiture. N'étant pas en grande forme, je roule doucement.

Je lui relate ma crise et lui signale un nouveau phénomène, je fais des arrêts respiratoires pendant mon sommeil. Elle prend ma tension, elle est très basse. Après un bilan complet, elle me met en arrêt de travail et me demande de rencontrer un cardiologue pour effectuer un bilan cardiaque et d'apnée du sommeil.

Elle me conseille également de ne pas conduire et de venir accompagnée quand je suis dans cet état. Je ne suis pas très inquiète pour le cardiologue. Mon attention se porte plutôt sur le besoin de récupérer de cet épuisement mais aussi de trouver comment faire pour éviter les crises de vertiges !

Plusieurs semaines se sont écoulées, je reprends le travail. A mon retour, les collègues me questionnent. Je vois bien qu'elles ne comprennent pas ce que j'ai. Je prends le temps de leur répondre. Je me rends compte que ce n'est pas facile d'expliquer **une "maladie" qui ne se voit pas**. Malgré cela, d'autres parlent dans mon dos, y allant de leurs jugements : " je m'écoute trop ", " je profite de mes arrêts ", " je fais semblant "…. C'est extrêmement blessant ! Je suis choquée et outrée de ce comportement. J'aimerais que tout redevienne comme avant et retrouver la santé !

Je **n'en peux plus** de cette situation, encore **combien de séances** de rééducation avant la "guérison" ?

Je me rends chez le cardiologue. L'électrocardiogramme ne révèle aucune anomalie. Pour l'apnée du sommeil, il me pose un appareil pour une nuit. Le lendemain matin, je le revois, ses conclusions ne sont pas alarmantes. Rien n'explique mes arrêts respiratoires. Je dois le revoir si cela persiste. Je repars sans réponse ni explication pourtant je subis ce phénomène nuit par nuit. Qu'ai-je ENCORE ?

Fin 2014, chez le kiné, j'échange avec une patiente sur nos nombres de séances. Elle en est à 80. Alors avec un peu d'humour, je prends mon carnet de rendez-vous et me mets à compter. Pourquoi ai-je fait cela ! Je dépasse les 80 et quand j'arrive à plus de 100 séances, mon sourire a disparu. Le temps passe et je ne me rends pas compte de tout ce que j'ai fait. Je me mets à faire un bilan dans ma tête. Je suis toute chamboulée. Ce n'était pas judicieux de faire cela, mais la réalité est là !

Je suis amère malgré les fêtes de fin d'année. Je m'interdis maintenant de me fixer une date de "guérison". Je pense que cela ne sert à rien. De toute façon, je n'ai pas mon mot à dire. Je dois **attendre**, juste **ATTENDRE** !

VIII

Janvier 2015, j'ai l'impression de **stagner**, de ne plus servir à grand chose, que ma vie est **suspendue**.
Ma santé ne s'améliore plus et ça me fait peur. **Ma fatigue est toujours là et me colle à la peau.** Je vis au jour le jour, un jour bon, un autre non. Je réfléchis sur ma situation, je me pose de multiples questions sur mon avenir, ma vie, ma famille.... Je suis dans le flou total ! Il faut que je reprenne ma vie en main.

Encore une semaine d'arrêt de travail ! Je n'aime pas cela mais je n'ai pas le choix. Il faut que je récupère.
A mon retour, j'apprends qu'un concours de rédacteur organisé tous les deux ans, est prévu pour septembre. Je souhaite le passer depuis longtemps pourtant je ne me suis jamais inscrite. Cela me permettrait d'évoluer professionnellement. A ces mots, j'ai un déclic, c'est décidé je me lance, je m'inscrirai courant mars. Il faut que je fasse quelque chose. Je vais le préparer et verrai bien le résultat. Tant pis si je ne l'obtiens pas, mais il faut que je prouve que je peux encore être utile.
Même si je suis bien entourée par ma famille et mes amis, je sens que cela ne me suffit pas. Leur réconfort m'aide à tenir, mais j'ai besoin de montrer que j'existe pour moi-même.

Pour mon anniversaire, mon mari m'a offert une place de concert pour aller voir mon chanteur préféré en mars prochain. Je suis enthousiaste ! Il va falloir que je prévois des protections auditives spéciales avec filtre acoustique pour la musique car je ne supporte pas le bruit. Mais je suis sûre que cela va être un moment magique et génial.

En attendant cet événement, nous partons en famille à la neige quelques jours en février pour nous changer les idées. Que c'est beau de voir ces paysages montagneux enneigés. Je suis heureuse que mes

enfants découvrent le ski. Je décide également d'en faire, il y a bien longtemps que je n'ai pas chaussé des skis. Je pense que c'est comme le vélo, cela ne s'oublie pas ! Entre mes vertiges, mes genoux et ma cheville, je décide de prendre une assurance annulation, on ne sait jamais ! J'ai besoin de connaitre mes limites et surtout de revivre.
Le premier jour, nous skions tous les quatre et empruntons des toutes petites descentes pour apprendre aux enfants la pratique de ce sport.
Ce n'est pas évident pour moi, je n'ai pas beaucoup de forces dans mes jambes, mais je me sens libre ! Je fais enfin quelque chose pour moi.
Nous avons chahuté, fait des batailles de boules de neige, des balades en raquettes,... Et tout ça sans penser à rien d'autre qu'à nous !
Je suis envahie d'émotions, il y a bien longtemps que cela ne m'était pas arrivé.
Notre séjour se termine. Je repars avec de beaux souvenirs, j'ai enfin partagé un moment avec ma petite famille. Je suis épuisée et mon corps est endolori, car c'était très physique. Malgré des nausées dès le premier jour, je n'ai pas lâché et j'ai bien fait. De toute façon, j'ai encore quelques jours de repos avant de reprendre le travail.

Le mois de mars est enfin là, mon mari m'accompagne au concert, je suis toute excitée, comme une enfant découvrant ses cadeaux sous l'arbre de Noël. Je suis vêtue d'un ensemble pantalon moulant bleu profond nacré et d'un dos nu. Je me suis faite belle comme si mon chanteur préféré pouvait me remarquer parmi toute cette foule de "fans". Nous sommes bien installés. Dès les premières notes de musique, je mets mes **protections auditives** pour mieux supporter les **vibrations**. Pendant plus de deux heures, j'oublie tout ! Je suis ailleurs, sur un petit nuage. Ouah, ça fait du bien ! Je suis heureuse. J'ai passé une merveilleuse soirée.

Le moment de s'inscrire au concours est aussi arrivé. L'écrit aura lieu en septembre. Je décide donc d'acheter un manuel de préparation au concours. Dans le magasin, il y en a plusieurs que je parcours pour faire un choix. Comme mon attention est limitée, je ne peux pas lire longtemps, je le choisis lisible, attrayant pour me repérer plus facilement.

Au travail, nous sommes trois collègues inscrites pour ce concours. Une seule bénéficie de la préparation dispensée par notre employeur. Nous avons décidé de partager nos informations et de travailler ensemble.

Lors d'une conversation avec un des chefs de service, je l'informe de mon inscription. En retour, elle m'annonce sans ménagement que "celle qui a le plus de chance de l'avoir ce n'était pas moi". Ses paroles n'arrêtent pas de se bousculer dans ma tête. Je me rends compte que ses mots blessants m'ont heurtée comme si on ne croyait pas en mes capacités. Mais moi aussi, je peux l'avoir ! Elle me sous-estime. Et je ferai tout pour l'obtenir.

Mi mars, mes vertiges se sont amplifiés, je suis à nouveau en arrêt. C'est la deuxième fois depuis le début de l'année. Je n'aime vraiment pas ça, mais je me persuade ENCORE que c'est pour mon bien. J'ai besoin de repos car ma tension a chuté.

A part me reposer, je n'ai pas fait grand chose aujourd'hui.

En rentrant le soir, mon mari me trouve sur le canapé, sans forces. Après avoir échangé sur notre journée, je constate qu'il est contrarié. Je ne comprends pas sa réaction. Il me dit d'un ton sec, que " je lui fais subir mes problèmes de santé et qu'il mérite une médaille" ! Je suis sidérée ! J'en échange avec lui. J'essaie de lui démontrer que c'est "**MOI**" qui subit et non "**LUI**" ! Je reconnais que depuis le début de ma "maladie", nous sortons très peu et toute sortie est limitée et cantonnée à des activités calmes : peu de séances de cinéma car avec les évolutions techniques cela devient impossible pour moi de voir un film sans être malade, surtout en 3D, pas de parc d'attractions, pas d'endroit avec du bruit, même en vacances....

Oui effectivement, je comprends maintenant ce qu'il peut ressentir. Je ne me rendais pas compte qu'il pouvait le subir indirectement. En fait,

il a gardé cette frustration depuis toutes ces années ! Il fallait bien que cela sorte, un jour même si cela n'est pas agréable à entendre !
Je souhaite vraiment que **cela change** et **évolue positivement** pour nous retrouver et reprendre notre "**vie d'avant**".

Je poursuis mes séances et annonce à mon kiné ma décision de passer le concours de rédacteur. Il est ravi que je reprenne ma vie en main. Toutefois, je vais avoir besoin de lui pour m'aider à tenir physiquement.
Depuis plusieurs mois, je suis obligée de dormir sur le côté à cause de mes arrêts respiratoires et mon épaule gauche me fait souffrir. Mon kiné s'en occupe et me montre des mouvements à effectuer tous les matins. Puis nous passons à ma cheville. C'est le moment de la débloquer ! Il me demande de me mettre debout entre le mur et la table de massage. Je pose ma main sur le mur pour me tenir. Il prend ma cheville droite dans sa main, la manipule et la tire en arrière d'un coup sec. J'entends un "CRAC" et ressens une sensation ambigüe de douleur et de soulagement. Enfin, elle est débloquée. Il me prévient que je dois encore **patienter** avant que tout rentre dans l'ordre. En effet, quelques jours plus tard, je peux enfin la pivoter, pas à fond mais c'est un bon début. **Un soucis de moins** !
Mon kiné est content de **ma progression**, moi, je n'en ai pas encore conscience !

En avril, je commence mes révisions. Je dois, pour mon concours, réaliser une synthèse. Ce n'est pas évident car je n'en ai jamais fait. Pour m'aider, j'achète un livre et complète mes informations sur internet. Je travaille sur des sujets avec corrections, afin de me familiariser à la méthodologie. Certains soirs et mes week-ends sont réservés à cette préparation. Je **veux** montrer à ma famille que je peux y arriver, que **je ne suis pas finie** ! Je **veux** être un exemple pour mes enfants. Je **veux** qu'ils soient fiers de moi. Je **veux** montrer que l'on peut se dépasser : "Quand on veut, on peut, même à son rythme".

Je décide, sur les conseils de mon médecin traitant, de rencontrer le médecin du travail pour un aménagement de mon poste. J'aurai dû le faire bien avant, mais je pensais que mon état allait s'améliorer rapidement. **J'ai besoin d'un coup de pouce !**

Je le rencontre le 8 avril, lui relate mes problèmes de santé et mes deux accidents, lui montre mon dossier et lui remets mes deux certificats médicaux rédigés par mon médecin de famille : "l'état de santé de ma patiente nécessite un environnement professionnel adapté à ses problèmes de santé, notamment la limitation sonore (éviter le brouhaha, excès de bruits ...)" et aussi "nécessite un bon positionnement au poste de travail notamment un siège réglable en hauteur avec bonne assise et un dossier bien adapté".

Pour compléter, je rajoute que je suis gênée au quotidien dans mon travail par le bruit intense occasionné par la présence de cinq personnes dans le bureau.

A l'issue de cet échange, elle établit les préconisations suivantes : "Faire une pause de 15 minutes le matin et l'après-midi, travail dans un bureau plus calme avec maximum deux collègues." (possibilité de séparer le bureau en deux) "Prolongation du temps partiel. Aménagement de poste à prévoir. Achat de matériel selon évaluation du service médical." Une date de rencontre avec l'ergonome sera prévue pour prendre les mesures nécessaires.

Elle me conseille également de déposer une demande de reconnaissance en qualité de travailleur handicapé (**RQTH**). Je dois y réfléchir ! A cet instant, des larmes me montent aux yeux. C'est dur d'entendre tout cela. Il y a encore quelques mois, je voulais m'en sortir seule, mais je suis obligée de reconnaître que j'ai des problèmes de santé. Il faut que je me saisisse des aides pour me permettre d'avancer. Cette prise de conscience me ramène en 2013, où j'aurai dû accepter le VSL pour me rendre chez le kiné.

Elle me remet un certificat mentionnant les préconisations prises et enverra un double à ma chef de service.

Le soir, j'en échange avec mon mari. Après réflexion, je décide de constituer la demande de RQTH. Je rencontre mon médecin pour remplir le certificat médical, avec mon dossier médical au complet. C'est une feuille A3 recto verso avec de nombreuses informations à renseigner. Je ne pensais pas que cela prendrait autant de temps pour le compléter. Au fur et à mesure, je mets de côté tous les comptes rendus utiles à joindre au document.

Ce dossier est assez fastidieux même si je suis habituée à en remplir dans le cadre de mon travail. Quand cela vous concerne personnellement c'est différent. Le début est simple : nom, prénom, adresse, profession...mais dès qu'il faut remplir la partie "projet de vie", cela se complique ! Je ne sais pas par quoi commencer, j'ai tellement de choses à y mettre. Je prends donc une feuille et note tout ce qui me vient en tête. Ensuite je le réécris chronologiquement en expliquant mes besoins et surtout pourquoi je sollicite cette reconnaissance. Cela m'a demandé plusieurs jours. le 29 mai, il est envoyé, par la poste, en recommandé. Maintenant, je dois attendre environ six mois pour avoir une réponse ou éventuellement une convocation auprès du médecin de cette structure.

Comme convenu au travail, je reçois la visite de deux femmes ergonomes. Elles recensent la liste de mes besoins pour répondre à ma demande initiale. Elles m'installent un repose-pieds et prennent les mesures pour l'achat d'un fauteuil adapté, d'une tablette de lecture et d'un casque téléphonique. Elles doivent également se renseigner pour les travaux à effectuer pour séparer le bureau en deux.

Je remarque le regard abasourdi et intrigué de mes collègues de bureau. Il est interrogateur ? Je pense qu'elles veulent savoir pourquoi elles sont là pour moi ? Elles sont curieuses et veulent toujours tout savoir ou du moins détenir une réponse.

Je raccompagne les professionnelles de santé.

Quotidiennement pour améliorer la qualité de mes tâches professionnelles, j'ai recours à différents stratagèmes, par exemple : fermer les yeux en faisant défiler un rapport, fixer un point sur l'écran ou faire des pauses sur le document. Je change de tâches pour éviter de rester sur l'ordinateur trop longtemps et pour les réunions je prétexte un besoin pour sortir de la salle et m'aérer. Ce n'est pas grand chose, mais cela me permet d'aller un peu plus vite, de récupérer des forces ou de la concentration. En parallèle, je maintiens mes pauses dans la matinée et dans l'après-midi.

Pour mon concours, je continue à travailler tous les jours. J'ai lu mon livre, créé des fiches méthodologiques résumant les informations indispensables, les annotations, les mots clefs..., un plan type de synthèse. Comme ma mémoire me fait défaut, je ne veux rien oublier (enfin j'espère). Je veux réussir mon examen. Malgré mon assiduité à rédiger plusieurs synthèses, je n'arrive jamais à finir dans les temps tellement je suis **lente**. Le tiers temps aurait été un bénéfice pour moi. Mais je n'ai pas de réponse de mon dossier. Je vais donc devoir faire sans.
J'ai toujours l'impression de ne servir à rien, d'être foutue ! Je veux me prouver que je peux y arriver et que j'existe !

Début juin, ma fille fête ses 10 ans. Déjà ! Mon mari et moi lui organisons une petite surprise. Nous l'emmenons dans un parc d'aventures avec ses quatre copines. Nous partons à deux voitures, heureusement ce n'est pas trop loin. Mon mari et notre fils partent se promener. Pour faire plaisir à ma fille, je rentre dans le jeu avec elles. Dans ma tête, je me demande dans quel état je vais sortir de là ! Nous formons deux équipes d'agents spéciaux. Nous nous équipons et rentrons dans une pièce sombre. C'est un labyrinthe où nous devons trouver des sigles. Ça commence bien ! J'ai du mal à voir et reste près de mes coéquipières. Il faut lever la tête, la baisser, tourner autour des colonnes... Je préfère leur donner des instructions pour les aider afin d'éviter de provoquer des vertiges ou nausées. Enfin, elles ont tout trouvé pour résoudre l'énigme, nous passons à la pièce suivante. Une énorme salle avec des modules de jeux où cette fois notre aptitude physique est mise à rude épreuve. Nous devons rester unies car il faut grimper, s'extirper d'une piscine à balles, pousser des grosses boules pour pouvoir sortir, ramper dans un tunnel. Oh là ! Elles vont devoir le faire à ma place car je ne peux pas me mettre à genoux et marcher en équilibre sur des rouleaux qui tournent. Pour certains parcours, je donne mon bracelet à l'une de mes coéquipières pour passer les bornes et remporter des points pour la mission. Enfin cet espace se finit. Et là, devant nous une belle fontaine d'eau bien fraîche nous attend. Après une pause nécessaire, nous repartons cette fois pour un jeu d'énigmes à résoudre. Cette partie est plutôt reposante. Dans la pièce suivante, nous devons passer à travers des lasers sans les toucher, ce n'est pas évident ! Dernière épreuve : un parcours d'accrobranche ! Je ne me sens pas bien et suis, de toute façon, incapable de le faire. J'ai **atteint mes limites**. Je récupère toutes les filles et nous nous dirigeons vers la sortie pour prendre une collation méritée. L'après-midi s'est bien déroulé. Je suis épuisée. Les parents récupèrent leurs enfants à la sortie du bâtiment. Je m'autorise une nouvelle pause avant de reprendre la route avec mon fils. Le trajet n'est pas simple car j'ai des **nausées** et des **petits vertiges**. Une fois rentrée chez moi, je **m'endors d'épuisement** sur le canapé. Je mets deux jours pour me remettre de cette expérience, mais je m'y attendais.

Ma fille est heureuse d'avoir pu partager avec moi ce moment et je suis fière d'avoir **réussi à le faire**. C'est ce que je retiens !

Mi-juin, le matériel attendu arrive enfin. L'ergonome installe le fauteuil et le règle à ma hauteur. C'est vraiment confortable, je peux reposer ma tête sur l'appui tête. Cela va soulager mes douleurs cervicales. Avec la tablette de lecture posée devant moi, je n'ai plus besoin de baisser la tête pour lire les documents. Ce nouveau positionnement va, je l'espère, atténuer mes troubles visuels.

J'ai bien fait de **faire cette démarche**, cela va m'aider fortement dans mon travail quotidien.

L'été, enfin les vacances, une pause bien méritée ! J'emmène mes fiches de révisions dans mes valises. Je suis fatiguée mais j'espère que j'aurai le courage de travailler un peu.
Je ne m'inquiète pas pour mon examen. Je ferai tout pour le réussir. Si je ne l'obtiens pas, je le repasserai dans deux ans, je ne laisserai pas tomber. C'est **mon objectif** !

22 septembre, le grand jour, nous passons l'épreuve cet après-midi. Le mari d'une de mes collègues nous emmène toutes les trois au parc des expositions en fin de matinée. Dans la voiture, nous sommes silencieuses. La route me semble longue. Nous arrivons en avance et décidons de nous promener et de manger sur place. Cela nous permettra de penser à autre chose. A mon grand étonnement, je ne suis pas stressée.
Des milliers de personnes attendent l'ouverture des portes. Elles viennent de toute la France, certaines ont leur valise à la main ! Pour ce concours, 10718 sont inscrites dont pour ma catégorie 6789. C'est énorme ! Je me demande comment nous allons être réparties dans les salles ? Nous entrons et à ma grande surprise, c'est UNE SEULE ET IMMENSE SALLE !
Le stress surgit ! J'ai la tête qui tourne un peu. Des milliers de petites tables numérotées sont alignées en rang. C'est vraiment IMPRESSIONNANT. Je me dirige vers mon "carré" où je m'installe en face des surveillants. Mes collègues sont loin de moi. Je me sens **en perte de repères** et minuscule dans cet espace gigantesque. Je respire à fond et installe mes affaires sur ma table : pièce d'identité, convocation, collation, boules anti-bruit..., et échange avec mes voisins pour faire diminuer mon stress. Le bruit est gênant mais pas assourdissant.
Les surveillants distribuent les copies vierges puis le sujet. Je dois attendre le top pour commencer. Je stresse et la tête me tourne encore. Il

faut que je me calme. J'inspire et expire à fond plusieurs fois pour reprendre le contrôle.

Le top retentit, je retourne le sujet. Je dois m'organiser. Je survole les documents pour en sélectionner certains. Je sais que la lecture, due à **ma lenteur,** peut me mettre en difficulté et que je n'arrive plus à lire en diagonale. Je surligne donc les passages importants. J'ai réussi à lire et à réunir mes idées sur une feuille. Mon plan est fait. Deux heures se sont déjà écoulées.

Il me reste une heure pour réaliser mon écrit. Je décide de le rédiger directement dans une écriture petite mais lisible pour aller plus vite. Ce n'est pas évident, ce n'est pas ma façon d'écrire mais ça fonctionne. Je me relis souvent car je **perds le fil de mes idées** et il ne faut pas que j'oublie des informations. **Ma concentration est mise à rude épreuve**.

Il me reste une demi-heure, je commence seulement ma deuxième partie. Il faut que j'accélère. A un moment, je saute cinq lignes. Pourquoi ? Je ne sais pas, cela me stresse, le jury va peut-être croire que c'est ma conclusion. Tant pis, je continue, je n'ai pas le temps d'y revenir. Je saute à nouveau des lignes pour passer à la conclusion. J'espère que le jury comprendra !

J'écris le mot de la fin au moment où les surveillants nous demandent de poser nos stylos. Je n'en crois pas mes yeux. J'ai réussi à finir à TEMPS ! Je suis étonnée et surtout ravie. J'essaie de relire rapidement mais je **vois flou**. Je ne **contrôle plus rien**. Il est temps pour moi de **prendre l'air**.

C'est terminé !

Je sors de la salle et rejoins mes collègues. Nous échangeons sur le sujet et nos ressentis. Les résultats sont attendus pour le 9 décembre. Même si je pense ne pas avoir réussi, il va falloir que je révise pour l'épreuve orale ! Mais à cet instant, j'ai **tout donné**, je suis **exténuée**.

Heureusement que mon kiné m'a aidée à me préparer pour le jour J en me donnant des conseils. J'ai réussi à maîtriser mes vertiges. Mon kiné est fier de cette réussite. Je poursuis mes séances de rééducation et l'objectif est de récupérer de cet effort, même si tous les matins, c'est toujours difficile de me lever.

Le lendemain, au travail c'est **très dur**. Je suis **vidée**, j'aurai dû poser ma journée. Je n'arrive pas du tout à me **concentrer**, je **baille** tout le temps, j'ai des **nausées** et des **vertiges importants** qui m'empêchent de travailler.

Depuis de nombreuses années, nous voyons régulièrement un couple d'amis. Seulement depuis quelques mois, le mari de mon amie, sous le ton de la plaisanterie, fait des sous-entendus sur la véracité de mes vertiges et mes arrêts de travail. Ses réflexions sont blessantes et je décide d'en échanger avec mon mari. Il m'apprend qu'il s'en était aperçu et en a déjà discuté avec lui et que ce dernier affirme que je m'écoute de trop. Cela confirme ce que je ressentais et me révolte, de quel droit peut-il se comporter de la sorte ! Je suis meurtrie intérieurement, mais comme j'adore mon amie, je ne peux rien dire sans risquer de perdre l'amitié sincère qui nous unit.

Il en est de même sur le plan professionnel, je peux admettre que certaines de mes collègues ne comprennent pas ou ne veulent pas comprendre ce que je vis, ce que je ressens, mes absences, mes malaises et mes problèmes de santé. Mais, MES AMIS, NON ! Pour moi une amitié sincère, franche et honnête doit être synonyme d'écoute, d'entraide, de soutien, de compassion et de compréhension.

En novembre, je reçois le courrier de la MDPH que j'attendais. Je l'ouvre un peu fébrile. Je lis le résultat, c'est un accord pour une RQTH. Je suis soulagée, un résultat positif de plus ! J'en informe dès le lendemain le médecin du travail, le service médical et ma chef de service. Les préconisations recommandées par mon médecin et le médecin du travail vont être enfin prises sérieusement en compte !

9 décembre, c'est le jour des résultats du concours. Je consulte le site à plusieurs reprises. Ils ne sont pas encore en ligne ! En fin de matinée, je

l'ouvre à nouveau. Elle est enfin là ! J'ai le cœur qui bat très fort. Ai-je réussi ou pas ? Je parcours la liste, elle est longue et... Mais OUI je vois mon nom, j'ai obtenu l'écris ! Je n'y crois pas ! Je referme et ré-ouvre la liste pour être sûre, OUI c'est bien moi. C'est incroyable, j'ai réussi malgré mes difficultés ! Nous sommes deux sur trois à avoir eu l'écrit.
Tout se bouscule dans ma tête. Il va falloir que je révise pour l'épreuve orale, car je n'ai pas encore commencé. Je vais devoir redoubler d'efforts car la date est prévue à partir du 7 janvier. J'ai très peu de temps devant moi !

Quelques jours plus tard, je reçois le courrier d'admission à l'écrit ainsi que la date de mon oral. Ce sera le jour de mon anniversaire, le 14 janvier. J'espère que cela me portera chance. Le soir même, je commence mes révisions.

IX

2016, bientôt l'oral, je révise tous les jours midi et soir. J'ai posé des jours de congés car le rythme travail/révisions m'épuise davantage. Ma concentration est mise à rude épreuve, mais j'accuse le coup. J'ai envie de réussir. Pour moi, l'écrit était l'étape la plus dure. Je me remémore les paroles d'une chef adjointe et je veux lui prouver qu'elle a tort !
J'ai toutes mes chances, car j'ai mis toute mon énergie pour le préparer!

14 janvier, "jour fatidique". 6h30 je pars **seule en voiture**. Même si le lieu d'examen est à une heure de route, je prévois le double de temps pour faire une pause et me relaxer avant l'oral pour que ma concentration soit à son maximum. Je suis fière car j'ai fait le trajet en une seule fois. J'ai roulé doucement, suivi le GPS, je suis arrivée, mais **la fatigue se fait sentir**. Etant en avance, je peux prendre du temps pour récupérer.
C'est le moment, je suis plutôt calme. Je me dirige vers un grand bâtiment et échange avec d'autres personnes. Nous entrons et nous nous dirigeons vers la salle réservée à l'épreuve orale. Une longue attente commence. Les premiers candidats sont appelés. La pression est intense. Je respire, j'ai la tête qui tourne. Je bois un peu d'eau. Je sors mes fiches de révisions, mais les range aussitôt, ce n'est plus le moment.
Pour passer le temps, avec les autres candidats, nous commençons à discuter sur nos lieux géographiques et nos professions. Notre objectif est commun, obtenir ce concours pour évoluer professionnellement.
Les heures défilent, la pièce se vide petit à petit. J'attends toujours mon tour. Le stress s'est transformé en impatience. Cela devient long et je crains même d'avoir été oubliée ! Enfin, mon nom est prononcé, je me lève d'un bond, j'ai trop hâte d'y aller, mais je dois encore attendre car les membres du jury font une pause !

Je n'arrête pas de gigoter sur ma chaise. Cela fait deux heures et demie que je suis assise et j'ai hâte que ce soit fini.

Enfin, j'entre et m'installe. Les trois membres du jury se présentent tour à tour. Toutefois, avant de commencer, je leur demande s'il est possible d'obtenir une feuille vierge pour noter des mots clefs afin de ne pas oublier certaines informations. Cela les questionne et ils veulent en connaître les raisons. Je leur expose brièvement mes **problèmes de concentration** et mes besoins de rebondir sur les questions posées. Après s'être concertés, ils me remettent une feuille et je débute mon oral.

Ma présentation se passe mieux que je ne l'espérais, même si l'un des membres du jury regarde ailleurs. Je suis détendue, cela ne me gêne pas. Je suis prête à répondre à leurs questions ! Ces dernières fusent, mais elles ne nécessitent qu'une seule réponse. Je prends le temps de bien réfléchir. Ils me demandent des précisions pour approfondir ma réflexion. Tout est fluide, je suis en confiance sur la pertinence et la justesse de mes propos. Je suis à l'aise avec le jury et **redouble de concentration**. Je suis satisfaite car notre échange correspond aux domaines que je maîtrise.

Les quinze minutes se sont vite écoulées. Je constate que je n'ai pas eu besoin de prendre des notes pendant l'épreuve. Après avoir salué le jury, je me lève et quitte la salle.

C'est FINI, quel soulagement ! Je suis **exténuée**.

Je retourne à ma voiture et appelle ma collègue qui passe l'oral l'après-midi. Je lui communique un maximum de questions qui m'ont été posées.

Je pars ensuite rejoindre ma belle-sœur dans un centre commercial non loin de là, pour déjeuner ensemble à l'occasion de mon anniversaire. Elle repart à son travail et moi, je décide de faire les magasins pour me faire plaisir. Toutefois, au bout de deux boutiques, j'arrête tout, les **vertiges** ont fait leur apparition. Je sors pour prendre l'air, je ne suis

pas bien. Je dois rentrer chez moi. Le retour est **pénible**. Je conduis doucement car ma **concentration** sur la route est **difficile**. Je suis même **obligée de faire une pause** pour lâcher les tensions et **reprendre des forces.**
Arrivée à la maison, je pose en vrac mes affaires, m'effondre sur le canapé et m'endors immédiatement. J'ai vraiment besoin de me ressourcer !
Même après une nuit de sommeil profond, le lendemain matin, je me **réveille nauséeuse et encore très fatiguée**. Je pars quand même au travail. Ce jour là, je ne suis pas du tout efficace. Je suis toute **crispée**, je **porte** ma **minerve** pour soulager mes douleurs cervicales. J'effectue quelques tâches qui ne me demandent pas trop d'efforts de concentration. Et le reste, je le ferai un autre jour !
Les révisions sont terminées. Ce week-end, je vais profiter de ma famille et fêter mon anniversaire.

L'année 2016 commence plutôt bien. J'ai l'impression d'avoir fait **un grand pas** et cela me **motive** pour les mois à venir. Enfin, je me **sens pousser des ailes** et je me dis que je ne suis **pas inutile** et encore moins "**finie**".
Maintenant, j'attends patiemment les résultats du concours. Une chose est sûre, je sors de cette expérience **grandie**. Si je ne suis pas retenue, cela n'est pas grave, pour moi j'ai déjà gagné ! C'était une sacrée expérience, **éprouvante,** mais je sais maintenant que j'en suis capable.

Je raconte le déroulé du concours à mon kiné et lui énumère tous les efforts que j'ai dû fournir et les **répercussions** sur mon corps engendrant de fortes **tensions**, des **nausées** et **vertiges**. Il se focalise sur ces différents maux et m'aide à récupérer en pratiquant des massages de détente musculaire. Je me dis souvent "heureusement qu'il est là" !

9 février, le jour des résultats ! J'ai le cœur qui bat à cent à l'heure en me connectant sur le site mais RIEN. Pour lutter contre mon stress, je

descends voir ma collègue pour connaître son ressenti dans l'attente de la diffusion de la liste. Je remonte dans mon bureau ! J'ai la tête ailleurs, ai-je réussi, ai-je échoué ? Je me reconnecte à nouveau, la liste des candidats reçus est enfin affichée. Je regarde fébrile le résultat, MON NOM apparaît. Je n'y crois pas. Je pars dans le bureau de ma mère. Elle me voit toute tremblante et excitée. Je lui demande de vérifier sur le site. Elle me confirme, enthousiaste et heureuse, que mon nom y est bien inscrit. Elle me prend dans ses bras et se réjouit de ce succès.

J'AI REUSSI MON CONCOURS. Je suis dans tous mes états. Je n'en reviens pas. Je suis fière de moi. Dans le service, la nouvelle se répand rapidement et les félicitations fusent.

Malheureusement, ma collègue n'a pas réussi, je suis déçue car elle le méritait aussi.

Pendant toutes ces épreuves, j'ai été bien entourée. En effet, certaines collègues ont cherché à comprendre quelles étaient mes difficultés de santé et savaient combien cette préparation était un énorme **challenge** pour moi. Le fait qu'elles aient essayé, est énorme pour moi et je les remercie du fond du cœur. Elles m'ont soutenue et je veux fêter cette réussite avec elles. Je sors donc acheter des collations pour partager un bon moment.

Cette joie va rester en moi pendant plusieurs semaines. Ma fatigue diminue peu à peu. Les **tensions** sont toujours là et m'obligent à **porter** ma **minerve** de temps en temps.

Mon bureau reste bruyant. Hormis les cinq personnes qui l'occupent, il reste un lieu de passage permanent. Les professionnelles viennent voir leurs secrétaires à tout moment de la journée et récupérer leurs courriers dans des bannettes situées à côté de moi. Dans ces conditions, il m'est **difficile** de me **concentrer** et d'effectuer mes tâches quotidiennes correctement. Je suis toujours **monotâche**, je n'ai pas d'autre choix que de trouver de nouvelles parades. Je réorganise mon bureau, mon fonctionnement pour faciliter mon travail, je crée des pochettes afin de visualiser ce qui doit être fait.

Pour le téléphone, le port du casque m'aide beaucoup mais parfois à cause du bruit, je dois me boucher l'autre oreille pour entendre et rester **concentrée** sur la conversation. Malheureusement, mes collègues ne font pas d'effort et même parfois invitent d'autres collègues à boire le café dans le bureau ce qui augmente ces désagréments, pendant que j'essaie de répondre, seule, au téléphone. Tout ceci n'améliore pas mes conditions de travail, malgré mes tentatives pour les résonner.

Mes journées sont **pénibles** et **épuisantes** tant sur le plan moral que physique. C'est la raison pour laquelle, je retourne voir ma chef de service pour lui demander où en sont les projets de travaux de séparation de bureau. Elle n'a toujours pas de nouvelles. Je vais devoir encore patienter, attendre, subir...

Parallèlement, je dois m'occuper de mes recherches d'emploi. Je pense que cela ne va pas être facile. J'ai des doutes, je crains que mes problèmes de santé n'interfèrent dans mes projets. Aussi, je décide de prendre contact avec une conseillère d'orientation. Je lui explique mon souhait d'évolution professionnelle et la complexité de ma situation car j'ai peur que ma fatigue et mes crises de vertiges plus ou moins fortes soient une **barrière** ou un **poids** dans mes recherches. Ce rendez-vous m'a été bénéfique. Je me rends compte que je me mets trop de freins et que je dois travailler sur cela.

Depuis 2013, ma vie est en **suspend, je n'avance plus**. C'est dur de poser ce constat. Mais je dois le **reconnaître** et **accepter mon syndrome** une fois pour toutes pour avancer. Mon concours est déjà un grand pas, le chemin est ouvert, il faut que je me saisisse de cette opportunité. Ce sera long mais cela en vaut la peine.

Les semaines et les mois passent. Au travail, je croise à nouveau l'ergonome qui me questionne sur la construction du mur de séparation. Comme rien n'a été fait à ce jour, elle va relancer le projet. Cela me

désespère, j'ai l'impression que mes problèmes de santé ne sont **pas pris au sérieux**, alors que je me "**bats**" depuis mon premier arrêt en 2013, c'est long. Trois ans déjà !

Nous sommes à la moitié de l'année 2016, je n'arrive toujours pas à prendre des décisions quand, dans tous domaines, plusieurs choix s'imposent à moi. Cela me demande réflexion mais je n'ai pas toujours ce temps. Je dois analyser toutes les possibilités, mais cela provoque en moi un **blocage**, du **stress** et de la **confusion**. Je ne veux pas que mes collègues ou ma famille s'en aperçoivent. Je sais que c'est ridicule mais je ne peux pas faire autrement.

Mon **problème d'organisation** persiste à la maison et au travail. Par exemple, je mets en place un classement mais en fin de compte, il ne me convient pas et s'avère **illogique** car je suis très souvent à la recherche de documents. **C'est pénible !**

C'est peut-être dû à la **fatigue**, la **cadence** et la **surcharge** de travail suite au départ du service de deux collègues secrétaires, depuis le mois d'avril. Le bureau est un peu plus calme, mais nous ne sommes plus que trois à assurer le travail quotidien, avec toujours plus de tâches, plus de professionnelles, plus de permanences à gérer, **plus, plus, plus...**

J'ai l'impression d'être toujours à droite et à gauche sans jamais pouvoir me poser à mon poste de travail. Cela me **fatigue** beaucoup.

Fin mai, mes deux collègues restantes sont en arrêt maladie, je suis donc **seule** à gérer le service. Malgré ma bonne volonté, je ne tiens plus ce rythme de travail et **je m'écroule**. Je suis en arrêt deux semaines et demie. La première semaine, je dors tout le temps car je suis **épuisée** avec beaucoup de **vertiges**. Je commence à aller mieux juste avant de reprendre le travail. Même si j'ai retrouvé un peu de forces, j'attends les vacances d'été avec impatience pour me reposer de nouveau.

En août, je reprends mon travail. Le secrétariat, toujours en sous-effectif, est amoindri d'autant plus par les congés d'été. Toutefois, j'aborde ma reprise avec optimisme et espère que tout se passera bien.

Malheureusement, au bout de deux semaines à un rythme trop soutenu, la fatigue se fait de nouveau sentir. **Mon sommeil en pâtit** et j'ai du mal à me lever le matin.

Ce matin, j'arrive au travail avec beaucoup de mal. Je me pose à mon bureau. J'ai des vertiges et je sens qu'ils s'intensifient. Je sais que cela ne va pas s'arranger et décide de rentrer chez moi. Je vais voir la direction pour obtenir cette autorisation. Comme c'est vendredi, j'aurai le week-end en plus pour me reposer et revenir en forme lundi.

Je sens une grosse crise de **vertiges** et de **spasmophilie** monter et n'arrive pas à la contrôler. Elle se déclenche dans le bureau de la chef adjointe. Elle ne comprend pas ce qu'il se passe et part chercher une autre chef. Malgré mes explications, elles pensent toutes les deux que c'est l'ambiance avec une collègue qui me met dans cet état. Je les coupe et précise que tout va bien de ce côté là. Elles sont toutes deux interloquées. Elles me demandent si j'ai pris mes vacances, je leur réponds que oui et me répondent "tu as eu trois semaines de vacances, donc tu es reposée". Je leur précise que le rythme de travail actuel est tellement intense que c'est dur pour moi et impacte sur mes problèmes de santé. Elles m'autorisent, toutefois, à partir mais je sens bien qu'elles ne comprennent toujours pas leur importance. J'ai l'impression de m'être battue pour obtenir une simple demi-journée de congés. Je suis **vidée**, je monte dans mon bureau **fébrile**, prends mes affaires et quitte le service.

Je rentre chez moi toute seule et m'allonge immédiatement. Je me repose car la crise a été forte et m'a épuisée. Je repense à l'attitude de mes chefs de service et me dis que si le syndrome dont je suis atteinte était connu, elles ne réagiraient pas ainsi !

Il me vient alors à l'esprit de savoir si un livre ou un blog existent à ce sujet, car cela m'aiderait. C'est ce que j'entreprends le lendemain. Après recherches, je constate qu'il n'y en a aucun !

Je reprends le travail le lundi, toujours fatiguée. Mais la perspective de ma quatrième semaine de congés à la fin du mois m'aide à tenir !

En septembre 2016, je fais un retour sur mes six dernières années afin d'analyser l'évolution de ma santé, des éléments **positifs** m'apparaissent comme une révélation. J'ai maintenant l'autorisation de prendre l'avion et de commencer une activité physique douce comme le Yoga. Et miracle, je me suis accroupie pour la première fois pour classer un dossier, mon genou s'est replié, pas à fond, mais c'est un bon début ! Même si je ne suis pas restée longtemps dans cette position, je suis troublée, euphorique et en pleure de joie. Je n'en reviens pas !
Je suis sur la bonne voie, enfin **DU POSITIF !**
De retour à la maison, j'interpelle ma famille et leur montre le fléchissement de mon genou. Ils sont ravis pour moi. Encore une **étape de franchie** ! Malgré les dires du chirurgien, les mouvements quotidiens commencent à porter leurs fruits. Cela me pousse à fournir tous les efforts nécessaires pour progresser et arriver peut-être à la "guérison".
Je vais de l'avant et poursuis aussi mes recherches d'emploi. J'ai déjà envoyé trois candidatures mais pas de réponse, je ne baisse pas les bras.
Courant octobre, une nouvelle crise. Malheureusement, je suis de nouveau en arrêt de travail. Mon mari, au lieu de m'apporter soutien et compassion, me lance une nouvelle réflexion : " Alors tu es encore en arrêt et pour combien de temps cette fois-ci ? " Pourquoi dit-il cela ? Je ne comprends et n'apprécie pas cette remarque. Je rétorque : " Humour? c'est très mal placé " ! Et comme pour me justifier, je lui précise que je n'arrive pas encore à connaître les **limites** de mon corps, que je les ai de nouveau **dépassées** et que chaque jour, je dois être à son **écoute** pour éviter les crises et les malaises.

A ce moment là, beaucoup de choses se bousculent dans ma tête, je ne sais pas trop ce qu'il se passe, je me tourne d'un coup vers lui et dis que j'ai décidé d'écrire un LIVRE ! J'en ai assez de devoir toujours me justifier, je n'ai pas à le faire ! Je suis suivie depuis plus de trois ans par mon kiné-vestibulaire, mon médecin traitant... J'ai une reconnaissance de travailleur handicapé. Je n'ai pas à décrire tout ceci ou à prouver mon état. Je ne supporte plus que l'on me fasse la remarque "oh tu es saoule" quand je me cogne dans la porte ! Je peux comprendre que c'est déstabilisant quand je dis : "j'ai des vertiges mais ça ne se voit pas!" Certaines personnes veulent comprendre ce que je vis, d'autres n'y arrivent pas ou refusent de le faire pensant que je m'écoute trop ou que c'est du "chiqué" !

X

Tout ceci m'amène à vouloir écrire un livre. Je pense que cela va me permettre **d'accepter mon syndrome** qui fait partie de ma vie depuis mon accident de voiture en 2010. J'informe peu de personnes de ma démarche, de peur d'être stoppée dans mon élan ou d'être jugée.
Alors pendant mon arrêt, je commence à écrire ! Je réunis tous les comptes rendus, prends tous mes dossiers médicaux et inscris sur un cahier tout ce qui me traverse l'esprit.
Je m'installe derrière mon ordinateur et entame le récit de ma vie. Cela me fait du bien et me vide la tête !
Je suis assidue, mais je ne peux pas écrire trop longtemps car je fatigue vite et ma concentration est limitée. Ce n'est pas grave, je persiste et fonce.

Depuis plus de trois ans, je croise de nombreuses personnes de tous âges qui souffrent de vertiges. Je sais maintenant que je ne suis pas seule à les subir et suis intéressée de connaitre l'élément déclencheur pour elles. J'envisage donc de créer un questionnaire pour l'intégrer dans une partie de mon livre réservée à leurs témoignages. Je suis plus motivée que jamais.
Quelles questions poser aux patients ?
Dans un premier temps, je dois leur expliquer ma démarche, puis leur demander la cause de leurs vertiges, leur histoire et enfin connaître leur ressenti vis à vis du regard des autres. Je suis curieuse de savoir s'ils le vivent comme moi !
Cette réflexion ne serait pas, à mon avis, complète sans le regard de mon kiné vestibulaire. Je m'interroge sur la spécificité de la rééducation vestibulaire, les différentes pathologies et les méthodes de soins apportées aux patients. J'élabore également un questionnaire à son attention.

Avec l'accord de monsieur M., je dépose le questionnaire au cabinet pour que les personnes qui le souhaitent, le remplissent. Je lui remets aussi en main propre le questionnaire composé de vingt-deux questions qui lui est réservé. J'ai hâte de lire son récit. Cela va répondre à de nombreuses questions que je me pose et m'aider à compléter mon livre.

Pour l'écrire, je me documente et achète un manuel sur l'autobiographie. Je réfléchis à toutes les informations que je souhaite y faire figurer. Je décide de le diviser en trois parties : la première relatera mon histoire, la seconde l'histoire des vertiges, la rééducation vestibulaire, puis la dernière les témoignages.

Mon livre débute au 18 janvier 2010, date fatidique de mon accident de voiture responsable de tous mes **MAUX** qui ont commencé peu de temps après. Je revois cette scène comme si c'était hier et pourtant cela a eu lieu il y a presque sept ans. J'étais loin d'imaginer tous les problèmes de santé qui se grefferaient par la suite.

Rapidement, je rédige une dizaine de pages. Certains passages sont durs à écrire et nécessitent des pauses de quelques semaines comme pour digérer ce que je viens de lâcher sur le papier.

Fin 2016, une bonne nouvelle arrive, mon bureau va être enfin séparé en deux ! Me retrouver dans un bureau de deux personnes m'emplit de joie. Mon travail et ma concentration vont en être facilités. J'ai bien fait d'insister auprès de ma chef de service, de l'ergonome et du médecin du travail. Cela a pris beaucoup de temps mais j'ai obtenu gain de cause. En dix jours, tout est terminé. J'intègre mon nouvel espace que j'aménage avec plaisir avant le retour de ma collègue en congé maternité. Je suis heureuse, pour moi c'est un **GRAND** changement !

Janvier 2017, je ne me souhaite plus rien pour la nouvelle année, car ce n'est pas moi qui décide mais mon corps. Pour l'aider, j'ai pris l'initiative de faire de la méditation en plus du yoga pour relâcher les tensions et ressentir du bien-être en apaisant mes douleurs. Cela favorisera également la **diminution du stress**, des **émotions négatives** et améliorera mes nuits pour pouvoir récupérer plus facilement. Je pourrai ainsi **augmenter ma mémoire, ma concentration et mon attention**.

Je prends cette nouveauté comme une **délivrance**. J'accepte enfin de commencer à vivre au rythme de mon corps. Je veux dépasser ma "maladie" et me prouver que suis capable de reprendre confiance en moi.

Depuis quelques semaines, je me rends compte que mon comportement a changé. Je suis plus positive dans mes paroles et dans ma vie. Je me rapproche d'autres collègues avec lesquelles je passe de très bons moments et surtout je rigole ! J'ai l'impression que cela ne m'était pas arrivé depuis longtemps. Je me **libère** !

Je poursuis ma rééducation en franchissant des niveaux supérieurs dans mes exercices qui me demandent plus d'énergie, mais cela me donne du baume au cœur. J'échange régulièrement avec mon kiné sur l'avancée de mon livre et des recherches que j'effectue. Il me soutient dans cette démarche et m'apporte des réponses à mes questionnements. Nous avons abordé ensemble mes soucis de mâchoire, car lors de la lecture d'un article sur un site internet, j'ai appris qu'ils pouvaient intensifier les problèmes d'oreille interne. Je souffre depuis mes vingt-et-un ans du syndrome d'Algo-Dysfonctionnel de l'Appareil Mandicateur dit SADAM. C'est un dysfonctionnement de l'articulation de ma mâchoire occasionnant des douleurs musculaires, une dislocation, une lésion du ménisque situé entre les mâchoires, des craquements articulaires et une limitation de l'ouverture de ma bouche. A cette époque, j'avais rencontré un dentiste, mais rien ne m'avait été proposé. Dix années plus tard, j'en ai parlé avec mon médecin actuel car mes douleurs étaient intenses et me provoquaient des maux de tête. Elle m'avait prescrit alors une rééducation. Cela a amélioré mes symptômes mais n'avait pas tout résolu. En poursuivant ma lecture, le site aborde une solution : la pose d'un appareil dentaire. J'en échange avec monsieur M. Il pense que cela pourrait certainement me soulager. Mais la décision m'appartient.

En mars, monsieur M. m'informe qu'il sera absent pendant deux mois pour raison de santé. Dans mon for intérieur, une inquiétude m'envahie, à la fois pour lui mais aussi pour moi. Comment vais-je tenir pendant son absence ? Il est plutôt confiant, pense sincèrement que je vais le supporter et me donne quelques conseils. Il ne choisit pas de m'orienter vers l'autre kiné vestibulaire du département, car je bénéficie d'un protocole défini qui évolue positivement, il ne voudrait pas que tout soit déréglé ! Pour lui, j'ai tous les outils en main. Je me ressaisis et me dis que mon corps a **enregistré ma progression**, que mes arrêts de travail sont plus espacés et plus courts, donc **je vais y arriver**! Je positive. J'annule les rendez-vous d'avril et de mai. La prochaine séance est fixée au 6 juin.

Il me tend également deux questionnaires remplis par des patients. Je suis ravie, ce sont mes premiers, cela intéresse donc des personnes ! Il me remet aussi le sien que je ne peux m'empêcher de commencer à lire. J'obtiens enfin toutes les réponses que j'attendais.

L'écriture de mon livre évolue, mais me remue sur le plan émotionnel. Je dois me concentrer pour détailler les passages qui sont, pour moi, durs à revivre. Je décide de faire une pause dans cette première partie et d'entamer la seconde.

Le mois d'avril se passe bien. Je suis en forme. Je passe de bonnes vacances de Pâques. Malheureusement début mai, le rythme de travail s'intensifie par l'absence d'une collègue. Je commence à me fatiguer et mon corps me le fait savoir, les vertiges sont de retour. Ils tirent la sonnette d'alarme. Je dois faire attention. J'ai des douleurs aux jambes de plus en plus vives. Je sens mon bassin se bloquer. Je n'arrive plus à faire mes exercices le matin comme il faut. Il reste quelques jours à tenir avant de reprendre mes séances. Je peux tenir, j'y crois. Mais, une semaine avant la reprise de mes séances vestibulaires, la secrétaire de monsieur M., que je côtoie depuis quatre ans, m'informe qu'il NE RE-

VIENDRA PAS avant septembre, son arrêt étant prolongé. Toutes mes séances de juin et juillet sont à nouveau annulées et de nouvelles programmées pour septembre. Je dois attendre trois mois de plus !
Toutefois, je m'inquiète pour monsieur M. Il est toujours à prodiguer des paroles positives à ses patients, à être à notre écoute un peu comme un psychologue. Ayant son mail personnel, je décide de lui envoyer un message pour lui apporter mon réconfort à mon tour.

Ces dernières semaines, mon corps a été malmené, je m'interroge sur mon état. Vais-je pouvoir tenir jusqu'à mes prochaines vacances ? Malheureusement fin juin, je fais une crise de vertiges importante qui nécessite un arrêt juste avant mes congés. Je suis plutôt satisfaite d'avoir tenu si longtemps, mais mon corps s'est **verrouillé** de partout. Je décide de rencontrer une ostéopathe rapidement. Une jeune femme d'environ vingt-sept ans m'accueille à son cabinet. Je m'installe et lui explique les motifs de ma venue. La séance dure une heure. Elle passe en revue toutes les parties de mon corps pour le débloquer. Elle me montre également certains mouvements à faire chez moi pour étirer les parties encore contractées. Je me sens un peu mieux et espère que cela pourra tenir jusqu'à début septembre. Mon objectif est maintenant de profiter de mes vacances et de me reposer pour reprendre des forces.

Depuis quelques mois, j'éprouve des difficultés avec une amie-collègue. J'espace même nos échanges, car quelque chose me gêne. Je ne supporte plus la négativité qu'elle émane. J'essaie d'apporter des paroles positives, mais elle ne m'entend pas et elle me prend toute mon énergie. Je retourne souvent à mon bureau épuisée et vidée d'espoir.
Inconsciemment, j'éprouve le besoin de faire le ménage dans ma vie. J'ai essayé de l'emmener avec moi dans mon ascension vers un mieux-être. Mais sans succès. J'ai compris que c'était MA PROGRESSION, elle doit trouver la sienne. Certaines choses ne me conviennent plus. J'ai besoin de changement, de positif, de bonne humeur, de joie, de rire, de

VIVRE. Et tout ça, je l'ai trouvé auprès d'autres personnes. Je sors enfin la tête de l'eau et souhaite que mon corps suive.

A mon retour de congés début août, elle me reproche, avec une certaine vivacité cet éloignement et met fin à notre amitié. Même si je suis surprise par son attitude et sa décision, je le digère rapidement car je savais que cette situation ne pouvait pas continuer ainsi.

J'ai pris un autre chemin grâce à mes nouvelles relations. Je revis. Quatre jeunes femmes adorables, honnêtes, vibrantes, pétillantes avec leur joie de vivre. Toutes de caractères différents, elles m'apportent énormément en tous points et surtout elles sont à mon écoute comme je suis à la leur. J'ai au moins dix ans de plus qu'elles. Je pourrais être leur grande sœur ! Mais je ne ressens pas du tout cette différence d'âge, je me sens simplement intégrée. Avec elles, je ne pense plus à ma "maladie", juste à **vivre**. Je rigole tous les jours, on parle de tout et de rien, mais, surtout, rien de négatif. J'ai une entière confiance en elles et elles sont sincères. Ça me fait un bien fou et cela fait huit mois que ça dure. C'est juste super ! Je suis heureuse d'avoir croisé leur route. Cette bonne relation collègues se transforme maintenant en une grande amitié.

Je me recentre sur mon objectif professionnel avec une nouvelle dynamique. Je postule à cinq candidatures, soit au total huit depuis l'obtention de mon concours. Et cela porte ses fruits, j'ai enfin une proposition d'entretien à la rentrée. Je dois me préparer pour être en forme ce jour-là !

Début septembre, mon kiné est enfin de retour. J'ai hâte qu'il me soulage car je suis de nouveau verrouillée. Après avoir fait un bref résumé des cinq derniers mois, il me confirme le blocage de mon corps. Il me conseille de bien faire mes exercices le matin même si cela me fait mal pour dénouer mon bassin. La première séance me détend et m'apaise. Cela prouve le besoin et l'importance de la régularité de la rééducation.

La pose d'un appareil dentaire me trotte toujours dans la tête pour apaiser mes douleurs du maxillaire. Mes enfants sont suivis par une orthodontiste, je me décide à lui en parler. C'est une femme brune au visage rassurant, d'environ cinquante ans. Elle me conseille de faire un panoramique dentaire pour en évaluer la nécessité. Je le fais pour en avoir le cœur net et prends rendez-vous avec elle au mois d'octobre.

Le jour de mon entretien de recrutement est arrivé. Il est fixé un vendredi soir à 17h00. En règle générale, en fin de semaine, je suis épuisée. Afin d'être au mieux de ma forme, j'ai anticipé en me ménageant et en prenant des vitamines. J'ai bien préparé ma présentation et les questions éventuelles qui pourraient m'être posées. La chargée de recrutement m'accueille et m'emmène dans un petit bureau où m'attend la chef de service. Je me sens stressée. Elles se présentent puis je prends la parole. Je me rends compte que je parle vite et ralentis la cadence. Enfin, je me sens à l'aise et tout l'entretien se passe ainsi. Tout s'est bien passé, je suis soulagée. Si ma candidature les intéresse, je devrai passer un test informatique, j'aurai une réponse dans quinze jours. En rentrant, chez moi, je contacte une amie qui s'était proposée de m'aider à revoir les formules sur Excel. Je passe plusieurs jours à réviser pour être sûre de bien tout maîtriser.

L'absence des séances de kinésithérapie pendant cinq mois et la surcharge de travail estivale ont occasionné pour moi une fatigue intense et des vertiges quotidiens. Il faut que je tienne, je ne veux pas être en arrêt de travail. Si je suis retenue pour le deuxième entretien, je veux pouvoir y aller sans être bloquée.
Quinze jours se sont écoulés, je suis retenue pour les tests qui ont lieu cette fois-ci le matin, c'est mieux pour moi car je suis plus fraîche et disponible.
Je patiente en salle d'attente, la candidate précédente sort. Je me lève et rejoins la secrétaire qui m'installe dans un bureau. Elle m'explique les deux exercices à effectuer. Le premier est un tableau Excel avec des

formules de calcul et le deuxième, je bloque. Je dois faire un compte rendu de mon entretien d'embauche. Elle ne m'en dit pas plus, je n'ai jamais fait ça ! Je commence par le tableau que je formalise en cinq minutes et m'attaque au compte rendu. J'ai une idée, mais je ne sais pas si cela correspond à leurs attentes. Le test est fini ! Je ne suis pas satisfaite de moi et doute beaucoup de l'écrit que j'ai rendu. Malheureusement, la DRH m'informe que je ne suis pas retenue pour un troisième entretien. Je suis extrêmement déçue.
Mais, je ne dois surtout pas baisser les bras !

Quelques jours plus tard au lever, je me sens lasse, sans force et nauséeuse, je tangue **comme sur un bateau**. J'appelle le travail pour les informer que je ne pourrai pas venir. J'espère qu'une journée à la maison à me reposer va me permettre de récupérer. Une violente envie de vomir survient, c'est très intense. Je me précipite vers l'évier de ma cuisine. Et j'entends un BOUM et le trou noir...
J'ouvre mes yeux, je suis allongée sur le carrelage. Je ne comprends pas ce qu'il vient de se passer. J'ai mal au bras droit. J'essaie de me relever mais je n'ai aucune force dans mes jambes. Je m'agrippe et me traîne jusqu'au téléphone. J'appelle les pompiers, j'ai du mal à parler, je leur donne mon adresse. J'ouvre mon portail, ma porte et les attends. Ils arrivent rapidement, m'auscultent et font un premier bilan. Ils pensent à une "gastro" mais n'étant pas sûrs ils préfèrent m'emmener aux urgences. Ils m'allongent dans leur camion et soudain une crise de spasmophilie arrive. Elle est très forte, j'ai mes membres tétanisés. Un pompier m'aide à me détendre, à respirer doucement et à ne pas stresser. Arrivés à l'hôpital, une infirmière me prend en charge et effectue les premiers examens pour connaître le niveau d'urgence de mon état. Elle m'installe ensuite dans une pièce avec beaucoup d'autres personnes pour attendre le médecin. Je suis épuisée. J'ai averti mes proches de ma situation et du lieu où je me trouve. Deux heures se sont écoulées, je patiente toujours. Je commence même à me dire "mais

pourquoi je suis là, mon état n'est pas urgent par rapport aux autres personnes".

Très inquiète par le ton sombre de ma voix au téléphone, une amie est venue me rendre visite et est restée un peu à mes côtés. Elle est surprise par la pâleur de mon visage. Elle essaie de me changer les idées en parlant de diverses choses. Cela me fait du bien. Le temps passe, mais elle doit partir. Je n'ai toujours pas vu de médecin, elle me demande de la tenir informée.

Plus tard dans l'après-midi, mon mari arrive après avoir quitté son travail. Il ne reste pas longtemps pour aller récupérer les enfants. Je l'appellerai après le diagnostic du médecin et mon autorisation de sortie.

Un médecin interne arrive enfin, c'est une jeune femme aux cheveux longs et clairs de presque trente ans. Je l'informe de ce qui s'est passé et de mes antécédents médicaux. Elle complète son diagnostic par un examen sanguin et conclut à un malaise vagal lié à une "gastro". Je ne suis pas d'accord. A part mon envie de vomir, je n'ai eu aucun autre symptôme. Au fond de moi, je suis persuadée que mon malaise est dû à **mon syndrome vestibulaire**. Mon corps a appuyé sur le **bouton OFF**, car je suis arrivée au bout de ce qu'il pouvait supporter. C'est **sa manière à lui de dire STOP !** Mon kiné me dit souvent votre corps parle. Je dois **l'écouter, connaitre ses limites, m'écouter et me reposer**. Mais c'est plus fort que moi, j'entends ce qui est pour moi le "BON SENS", tant que je suis debout je continue. Cette fois-ci, j'en ai fais les frais !

Le médecin revient et reste sur son diagnostic de "gastro", me remet une ordonnance avec un arrêt maladie de deux jours et me conseille de revoir mon médecin.

J'appelle mon mari pour qu'il vienne me chercher et lui demande de prendre des chaussures, car je suis partie sans. Je sors des urgences et m'assieds contre le mur tellement je suis dépourvue de forces.

Comme je le pensais aucune signe de "gastro". Je n'ai pas pris les cachets prescrits. J'appelle mon médecin pour un rendez-vous et en effet vu mon état, elle pense comme moi. Ma tension est basse et je sens toujours cette instabilité de tangage. Je suis en arrêt pour quinze jours de plus.

En temps normal, je n'aime pas être arrêtée mais cette fois, c'est différent. Je prends cette pause comme **un besoin vital** ! Toutefois, je me rassure, mes arrêts sont plus espacés et moins longs.

Lors de ma séance chez le kiné, il confirme mon ressenti car tous les signes indiquent que mon corps n'en peut plus. Il approuve mon arrêt. Je suis donc plus sereine et me déculpabilise de ne pas pouvoir aller au travail.

Je me repose et trouve la force de reprendre l'écriture de mon livre au bout de quelques jours. J'entame la troisième partie : les témoignages. Leur lecture me confirme que, dans la région où j'habite, les personnes et professionnels de santé ont peu, voire pas, de connaissances dans les syndromes liés au vestibulaire. Mais aussi, ils témoignent que chaque histoire est différente avec les mêmes symptômes et ressentis. J'espère en recevoir beaucoup plus pour étayer ce chapitre de mon livre.

De retour au travail, je reprends mes recherches d'emploi avec plus de force et de conviction et envoie de nouvelles candidatures.

Je rencontre de nouveau l'orthodontiste. Après examen de mon panoramique dentaire, la pose d'un appareil se justifie. Je prends donc, en décembre, la décision de le faire. En février prochain, je serai appareillée. J'appréhende, mais je pense avoir fait le bon choix. A suivre...

La fin de l'année passe vite. Comme tous les ans, le mois de décembre est très chargé entre les anniversaires et les fêtes. En peu de temps, nous voici déjà en 2018 !

XI

Je vais avoir quarante ans. Ma meilleure amie d'enfance que j'ai retrouvée récemment, est dans la région pour ses vacances. Il est prévu que nous allions au restaurant pour fêter en avance, mon anniversaire avec sa petite famille. Elle habite dans le sud de la France, malheureusement nous n'avons pas la possibilité de nous voir souvent. Je suis heureuse de passer un bon moment avec elle. Nous partons de la maison pour les rejoindre au restaurant directement. Mais à ma grande surprise, au bout de quinze minutes de voiture, mon mari s'engage sur un chemin en direction d'un centre équestre. Arrivés au niveau du parking, j'ai l'impression de reconnaître quelques voitures. C'est bizarre. Derrière moi, la voiture de ma meilleure amie arrive. Je viens de comprendre, mon mari m'a préparé une fête surprise ! Je rentre dans une grande salle, je balaie du regard avec étonnement toutes les personnes présentes. L'émotion est trop forte, je me mets à pleurer face à leur accueil chaleureux. Toutes celles que je souhaitais avoir auprès de moi sont là ainsi que mes nouvelles amies. C'est une fête grandiose que ma famille a organisé. La journée passe trop vite et j'essaie de profiter au maximum de tout le monde. J'ai été super gâtée, je suis sur un petit nuage devant tant de bonheur.

Le week-end suivant, jour J de mes quarante ans, mon mari ne s'arrête pas là et m'a planifié une nouvelle surprise. Nous partons avec nos enfants très tôt pour une destination inconnue. Je m'endors dans la voiture. Quelques heures plus tard, je me réveille, à ma grande stupéfaction, nous sommes entourés de montagnes enneigées ! Nous effectuons une première pause pour monter sur l'un des plus hauts sommets pour découvrir la vue splendide. C'est avec excitation et un peu d'angoisse que j'emprunte la montée dans la télécabine. Je me tourne du côté de la montagne et agrippe mon mari, car la cabine bouge et s'éloigne du sol, cela me déstabilise. Une fois arrivée, j'ouvre des yeux émerveillés et découvre un paysage d'un blanc immaculé et un silence apaisant. Mon mari me propose d'aller prendre une photo dans une cage en verre …. avec en dessous…. le VIDE ! Je crains de ne pas le supporter sous mes pieds mais j'accompagne ma petite troupe, je me déciderai à la dernière minute. C'est impressionnant, comme une fenêtre ouverte... dans un néant blanc ! Tout se bouscule dans ma tête, je veux mais j'appréhende, je ressens des sensations d'instabilité, de nausées... mais je le fais ! Je rentre à reculons. Je baisse un peu les yeux sur mes pieds et il se produit une sensation bizarre de trouble comme un zoom avant-arrière rapide. Soudain, des picotements apparaissent et montent des pieds à la tête. Mon visage se crispe et des vertiges se manifestent. Je souris pour les photos et m'extirpe rapidement de cet endroit. Je m'installe dans un lieu clos pour reprendre mes esprits.

Je suis heureuse et fière d'avoir tenté cette expérience pour moi. J'ai dépassé mes appréhensions et mes interdits. J'ai le droit de vivre et d'en profiter aussi. Je sais pertinemment que cela va m'occasionner un malaise mais c'est tellement bon de recommencer à vivre. Après en avoir pris plein les yeux, nous redescendons et nous dirigeons dans la vallée. Mon mari a réservé une chambre dans un hôtel chalet. C'est magnifique, j'ai vraiment beaucoup de chance. J'ai l'impression d'être une privilégiée. Un séjour magique en famille dans un cadre idyllique comme dans un rêve. Je m'en souviendrai toute ma vie. Maintenant il faut penser au retour.

Au travail, une collègue est absente dans mon service pour un long moment. Nous nous retrouvons à quatre au lieu de six et bien sûr, la charge de travail qui en émane. J'analyse la situation et m'oblige à me ménager et ralentir le rythme pour tenir.

Je reçois une nouvelle proposition d'entretien de recrutement. Notre entrevue est prévue dans trois jours. Compte tenu de ce délai court, je me hâte à le préparer. Le jours venu, j'ai de la route à faire pour m'y rendre, je pars donc en avance pour reprendre des forces avant. Je me présente et suis prise à l'heure. Tout se passe bien, je sors ravie de ma prestation et de notre échange. Je croise les doigts. J'espère que cette fois sera la bonne !

Quinze jours se passent, je reçois enfin un appel de la DRH qui m'informe hésiter entre une candidature et la mienne. Génial ! Pour choisir, les recruteurs me demandent de passer un test de comportement à mon domicile. Je m'exécute et le résultat obtenu correspond tout à fait à ma personnalité. Le lendemain, je suis recontactée pour en échanger afin de faciliter leur prise de décision dans les jours à venir. Cette attente me parait longue et interminable. Enfin, ils me rappellent, malheureusement je ne suis pas retenue, leur choix a été difficile car nous avions le même profil. Je suis extrêmement déçue. Je dois me remotiver, mais le contrecoup est dur à accepter. Il faut poursuivre de nouveau mes recherches de postes.

Début février, l'orthodontiste procède à la pose de mon appareil dentaire sur mon maxillaire supérieur. Je suis un peu stressée et me demande si mon apparence va changer. Cela prend du temps. A peine terminé, je sens déjà que ça tire ! C'est parti pour deux ans. Ce traitement a un certain coût, j'espère que cela va résoudre mes problèmes de mâchoire et ne plus interagir au niveau du vestibulaire. Dans trois mois, l'orthodontiste me posera l'appareil du bas.

Le 21 février, je pars au travail en avance craignant que ma voiture ou les routes soient verglacées. Partir plus tôt, me permet de rouler encore plus prudemment. Je sors de mon village pour emprunter la départementale jusqu'à la nationale. Ce sont surtout les montées et les virages que je redoute. Mauvais souvenirs ! Tout se passe bien. Je m'arrête au stop avant d'emprunter la nationale. Tout d'un coup, un choc à l'arrière me propulse sur la voie. Le véhicule de derrière vient de me heurter. Cela me met dans tous mes états, je hurle de colère dans ma voiture. Je dois réagir vite. Comme les voitures au loin arrivent à 90 km/h, je me gare sur le bas côté. Je dois reculer jusqu'au stop pour être en sécurité et rédiger le constat. En reculant, je ressens des douleurs vives dans le dos, la hanche et le cou. Une angoisse monte, pourvu que le choc n'ait pas aggravé mon syndrome vestibulaire !

La personne, responsable de l'accident, est une femme brune d'une quarantaine d'années. Elle est sortie de son véhicule pour m'aider à faire mes manœuvres. Je sors à mon tour toute ankylosée, mon corps craque de partout. Je reprends ma respiration. Elle se dirige vers moi et la première phrase qu'elle m'adresse c'est : "Pourquoi vous êtes vous arrêtée ?" Je n'en crois pas mes oreilles ! Je lui montre le panneau STOP. Elle se reprend et me dit qu'elle pensait que je n'allais pas m'arrêter donc elle a regardé sur la gauche, sans voir que mon véhicule était à l'arrêt.

Je lui conseille de bouger son véhicule. Il gêne la circulation mais celui-ci est immobilisé, son pare-choc bloque les roues avant. Je tremble de tous mes membres. Il ne faut pas que je me laisse envahir par les douleurs, les émotions, la peur... Je lui propose de nous abriter dans mon véhicule pour établir le constat. Elle appelle son garage pour organiser le remorquage. La dépanneuse arrive rapidement et repart tout aussi vite. Après avoir rempli le constat, même si je ne suis pas bien, je lui propose de la déposer au garage. Je ne peux pas la laisser seule à pied en pleine campagne. Sur la route, je repense que la veille au soir, au même endroit, j'ai assisté à un accident impliquant les deux véhicules me précédant. Heureusement que je laisse de la distance, j'ai pu ainsi m'arrêter sans incident.

Je suis de plus en plus mal, les douleurs s'intensifient et les larmes montent. Je ne sais pas comment j'ai pu arriver à mon travail. J'ai l'impression que c'est ma voiture qui m'a conduite jusque là comme un robot ! Je sens mon corps bloqué, endolori, je m'effondre. Me voyant totalement désemparée, une de mes collègues-amies décide de m'emmener aux urgences. Je ne fais aucune résistance, je la suis. Après avoir patienté quelques heures, je rencontre le médecin et passe une radio. Rien de grave. Le médecin est rassurant mais il me faut du repos, car le fait d'avoir été heurtée à l'arrière, c'est mon corps qui a encaissé violemment le choc, comme un mannequin dans les crash-tests.

Mon mari, prévenu de l'accident, fait le nécessaire auprès de notre assurance. J'ai des vertiges, suis nauséeuse et n'ai plus beaucoup de forces. J'ai pu voir mon médecin rapidement qui m'a confirmé la nécessité d'un repos.

J'ai très peur ! Je ne supporterai pas que mon état s'aggrave. J'ai tellement souffert pour arriver à ces progrès.

La semaine suivante, je vois mon kiné. Informé de l'accident, il m'ausculte, me fait passer des tests. Il me rassure, mon état est stable. Pas de régression ! Ouf ! La pression tombe. Il me confirme que comme j'avais mon pied enfoncé sur le frein, c'est mon corps qui a pris toute la violence de l'impact. Il va m'aider à dénouer les tensions. Mon cou reste extrêmement douloureux, je porte ma minerve tous les jours, pour ne pas trop me crisper. Il faut que je patiente de nouveau pour retrouver mon état d'avant l'accident.

Pendant mon arrêt, bloquée à la maison, je poursuis l'écriture de mon livre.

Au bout d'un mois, je reprends mon travail. La conduite me fait de nouveau peur. Je regarde constamment dans le rétroviseur quand je dois m'arrêter ! C'est insupportable ! Fin mars, les gelées sont terminées, cela me rassure. Je pense que ma réaction est normale et que tout va rentrer dans l'ordre rapidement.

En mai, l'orthodontiste me pose l'appareil du bas. Elle est satisfaite de l'évolution rapide du maxillaire supérieur. Elle constate que cela progresse plus vite que prévu. Super, du positif !

Depuis quelques années, je redoute le mois de mai au travail. Il faut effectuer le même travail en moins de jours, tout en étant en sous effectif ce qui intensifie la cadence, la fatigue et épuise mon énergie.

Encore un mois avant mes vacances de juillet. Ma fatigue grandit et je décide de lever le pied, d'être à mon écoute. Mais même en faisant cela, les vertiges reviennent. De nouveau sur un bateau, je prends ren-

dez-vous chez mon médecin, cette fois, je ne vais pas attendre le malaise. Comme d'habitude, ma tension est basse. La seule solution pour aller mieux, c'est le repos. Elle décide de m'arrêter une semaine.
J'ai repris un peu de forces pour tenir jusqu'à mes vacances. Je continuerai à me reposer pendant ma pause estivale.

Nous partons à la montagne. Nous profitons de cette belle région pour la visiter et du beau temps pour nous promener, faire du bateau, nous baigner... Mon mari souhaite faire du parapente en famille. Les enfants sont ravis. J'avoue que cela me tente bien aussi, mais j'ai peur de ne plus avoir de repères en vol. J'en discute avec le moniteur. Il me dit qu'une fois en l'air, les personnes n'ont pas de vertiges **et plus de repères**. A ces mots, je ne veux pas prendre de risque et je décide de ne pas le tenter. Je passe peut-être à côté d'une super expérience. Ce sont des vacances familiales agréables et reposantes. J'apprécie surtout de passer un séjour sans trop de symptômes dérangeants. Mais tout à une fin et nous devons rentrer et reprendre le travail.
Début septembre, mon mari et moi avons décidé de faire une semaine en amoureux, pour la première fois, un road trip dans un pays limitrophe. Le début du séjour se déroule bien, malgré des **virages**, des **montées**, des **descentes** trop nombreux à mon goût. Le paysage est grandiose, ce spectacle magnifique m'emplit de joie. Nous prenons plaisir à photographier ces sites splendides. Les journées sont bien remplies de visites, de découvertes, de promenades et de kilomètres en voiture. Par contre, cela m'occasionne des troubles, mes nausées et vertiges réapparaissent en faible intensité. Je les maîtrise par l'apport quotidien d'un traitement anti nauséeux. Tous les soirs, la fatigue est telle que je m'écroule tôt et immédiatement sur l'oreiller. Le rythme tenu depuis plusieurs jours est très épuisant et me demande une récupération nocturne indispensable pour supporter la journée suivante.
La semaine est terminée, nous devons rentrer, douze heures de voiture nous attendent ! Nous attaquons la montagne et le passage de cols successifs qui amplifient mes symptômes. J'essaie de tenir et de résister

jusqu'à notre entrée sur les routes de campagne. Malheureusement, la conduite en route droite n'atténue en rien mes maux et nécessite un arrêt d'urgence ! Je suis en **saturation**, j'ai atteint les **limites** que mon corps peut supporter. Même si je repère mieux ce phénomène, cette fois-ci encore je n'ai pas anticipé assez tôt. Il reste quatre heures de route, nous décidons de faire une bonne pause pour que je reprenne des forces.

De retour à la maison, plusieurs semaines seront nécessaires pour me remettre de cette aventure ! J'y arrive en écoutant mon corps et mes besoins : me coucher plus tôt, ne pas me mettre en difficulté face à des éléments perturbants, faire des pauses au travail..., en résumé : **prendre soin de moi et m'écouter** !
Aujourd'hui, je connais ce qui me fait du bien et comment reprendre des forces. J'ai réussi à surmonter tout cela, sans être arrêtée. C'est, pour moi, une victoire et une revanche sur la vie!
Progressivement, je reprends ma vie en main. Je m'autorise ENFIN des activités que je pensais impossibles à refaire un jour : faire du patin à glace, aller à des concerts, participer à des cours de cuisine qui demandent de la concentration, confectionner une robe médiévale en une semaine pour ma fille, faire en famille les grands marchés de Noël, prendre un cours de conduite sur circuit en voiture de sport pour rependre confiance en moi avec la vitesse et garder de bons réflexes...
Toutes ces activités me demandent beaucoup d'énergie et m'épuisent aussi. Mais en regardant le chemin parcouru et les obstacles que j'ai pu dépasser, **ENFIN** je commence à **REVIVRE**.

Fin 2018, sur le plan professionnel, j'ai passé deux autres entretiens d'embauche. Malheureusement, ils n'ont pas abouti. Je perds confiance en moi, ces échecs répétés m'amènent à me questionner sur mes capacités. Pour m'aider à surmonter ce constat, je décide de me faire aider de nouveau par un professionnel de la DRH qui, j'espère, pourra faire aboutir mon projet d'évolution. Mon syndrome ne m'empêchera pas

d'accéder à un poste que je convoite, je dois dépasser cela et ne plus me cacher derrière !
C'est mon objectif pour 2019 !

Aujourd'hui je fais mon bilan. J'ai eu la chance d'être bien entourée par mon mari, mes enfants, ma famille, d'avoir fait de belles rencontres comme mes nouvelles amies, de croiser des personnes très intéressantes, touchantes, instructives, généreuses... depuis 2010.

Chacun m'a beaucoup apporté !

Deuxième partie

L'histoire des vertiges et la rééducation

Je vous ai relaté mon parcours depuis 2010. Mais pour que vous compreniez bien ce que vivent les personnes atteintes de troubles de vertiges, je vais vous expliquer ce que nous ressentons et surtout ce que nous subissons.

Tout d'abord je me suis intéressée à l'histoire des vertiges. J'ai découvert qu'il a fallu attendre la fin du 19ème siècle pour que les vertiges et les troubles de l'équilibre soient considérés comme des manifestations sérieuses, aux causes physiologiques. Longtemps les médecins les ont associés à des crises d'hystérie.

La notion de vertige est très ancienne. Plusieurs médecins l'ont étudiée.

Au 18ème siècle, François BOISSIER de SAUVAGE (Nosologie Méthodique 1763) comparait les vertiges à une hallucination. Il les mettait dans la classe des folies comme la berlue, la bévue, le tintouin. Il distinguait les vertiges "stomachique, hystérique et pléthorique".

Au 19ème siècle, plusieurs médecins spécialisés dans l'ouïe avaient signalé l'existence de vertiges, longtemps avant Prosper MENIERE.
Les manifestations vertigineuses étaient considérées d'origine cérébrale et donc de pronostic réservé.

En 1870, Prosper MENIERE va décrire, pour la première fois, un vertige chez un patient. Il va mettre en avant que le siège de la maladie se situe dans l'oreille interne. Il a d'ailleurs donné son nom à la fameuse maladie de MENIERE.

Au 20ème siècle, Jules DEJERINE apporta des notions intéressantes dans le domaine des vertiges en distinguant trois catégories : les vertiges sensoriels ou périphériques, les vertiges d'origine centrale et les vertiges dans les maladies générales.

En 1924, Marie Jean Pierre FLOURENS découvrira que l'oreille est le centre de l'équilibre.

Depuis quelques siècles, les vertiges ont été un sujet très étudié par de nombreux médecins. Beaucoup d'écrits relatent les vertiges, comme "le traité du vertige" rédigé en 1737 par Julien Offray de la Mettrie ou encore des revues comme "Cent ans de vertiges 1908-2008" du Pr Claude PERRIN... Et au fur et à mesure des années, plusieurs techniques seront trouvées pour étudier l'oreille interne.

Afin de vous relater l'historique des vertiges et de vous expliquer au mieux ce que nous vivons, j'ai lu divers articles, documentations sur internet ou en bibliothèque. J'ai relevé de nombreuses informations que je vais vous retranscrire le plus simplement et lisiblement possible.

Quand nous, les personnes atteintes de vertiges, n'allons pas bien, nous employons souvent le mot "vertige". Par contre, les personnes autour de nous utilisent souvent le mot "étourdissement" : "Tu t'es levée trop vite donc c'est un petit étourdissement, ça va passer".

Un étourdissement ou un vertige sont deux sensations désagréables : sensation de tête qui tourne, perte d'équilibre, impression que les murs bougent autour de nous... C'est la raison pour laquelle, il me semble important d'expliquer la différence entre ces deux mots et de vous confirmer que le mot vertige est bien le mot approprié.

Les étourdissements sont fréquents et peuvent être causés par une baisse de la tension artérielle, par une faiblesse due à une maladie infectieuse comme la grippe, un rhume... ou à une allergie. C'est en fait une sensation légère de tête qui tourne.

Les vertiges sont plus invalidants comme une incapacité à se lever, à marcher droit comme si nous étions en état d'ivresse...

C'est en fait une illusion de mouvement rotatoire ou linéaire, donc une instabilité !

Les vertiges surviennent généralement lorsqu'il existe un conflit entre les signaux de position perçus par le cerveau et la position réelle du corps. Ils altèrent significativement notre équilibre, notre démarche, nos déplacements et notre qualité de vie. Ils peuvent être fréquents, plus ou moins sévères, intermittents ou permanents et peuvent être causés par une variété de maladies et de troubles.

A la différence d'un étourdissement, un vertige est causé par une atteinte de l'oreille interne (infection, maladie de MENIERE...), ou bien des nerfs crâniens (névrite...) ou encore des centres cérébraux (AVC, tumeur, sclérose en plaques...).

Les pieds qui s'enfoncent dans le sol, l'environnement qui tourne autour de soi, le tournis, la sensation de s'écrouler, la vue qui se brouille, les vomissements, les nausées, l'intolérance aux bruits : il s'agit d'un vertige, provenant d'un trouble de l'équilibre.

En fait, si nous utilisons le mot vertige, vous comprenez maintenant le sens réel que nous y mettons.

Les vertiges touchent environ trois personnes sur dix, ce qui veut dire que 30 % des personnes ont présenté un vertige au moins une fois dans leur vie.

Ce pourcentage m'est apparu énorme. Je pensais que les personnes âgées étaient les seules touchées par les vertiges. Mais il est vrai que depuis 2013, j'ai croisé énormément de personnes de tous âges atteintes de vertiges au cabinet de mon kinésithérapeute vestibulaire.

J'ai beaucoup échangé avec ces dernières au début par curiosité car nous sommes toutes "dans le même bateau" et au fur et à mesure par intérêt pour l'écriture de mon livre.

Lors de mes lectures préliminaires, j'ai découvert quatre grands types de vertiges :

-Les vertiges positionnels (comme le vertige paroxystique positionnel bénin VPPB). Les vertiges durent quelques secondes et peuvent survenir pendant ou en fin de mouvement. Ceci représente 39% des cas de vertiges les plus fréquents.

-Les vertiges récurrents, 9% des cas (comme la maladie de MENIERE...). Les vertiges durent quelques heures.

-Les vertiges violents, 6% des cas (comme la névrite vestibulaire ou suite à un traumatisme crânien (fracture du rocher) ou une infection chronique de l'oreille abîmant les centres de l'équilibre...). Les vertiges peuvent durer plus de 12 heures.

-Et l'instabilité ou ataxie (absence ou difficulté de coordination des mouvements volontaires dues à une atteinte du système nerveux central sans atteinte de la force musculaire) c'est une sensation de déséquilibre en position debout ou à la marche liée à des problèmes neurologiques ou du vestibule de l'oreille.

Je viens de vous présenter les types de classification des vertiges les plus fréquents. Mais il y a aussi les vertiges secondaires :

-Les vertiges vasculaires : 20 % des cas, résultent d'un défaut d'irrigation, soit de l'organe de l'équilibre (le vestibule), soit des centres nerveux impliqués dans l'équilibre, à savoir le cervelet et les noyaux nerveux contenus dans le tronc cérébral (structures nerveuses situées à la base du cerveau).

-Les vertiges centraux et périphériques :

↳ centraux : au niveau du système vestibulaire responsable de l'équilibre, dus à une tumeur (neurinomes de l'acoustique et autres causes tumorales dans 2% des cas), ou un AVC (accident vasculaire cérébral)....
↳ périphériques : c'est l'atteinte de l'oreille interne au niveau du labyrinthe.

-le syndrome de défilement et omission de l'information vestibulaire : touche une grande partie des patients ayant subi une atteinte vestibulaire avérée. Il s'agit d'une atteinte neuro-sensorielle fonctionnelle. Les personnes se retrouvent dans une situation d'inconfort comme : dans un supermarché, des mouvements de foule, sur une route bordée d'arbres... Cela entraîne, des troubles, des vertiges s'accompagnant souvent de nausées et vomissements.

-Les vertiges physiologiques (mal de mer, en altitude...) Ils concernent l'équilibre du corps et se produisent quand le cerveau est soumis à un dérèglement. Il est ponctuel, bref et passager.

-Les vertiges psychologiques (cas particulier chez les personnes souffrant d'agoraphobie ou restant cloîtrées longtemps). Ils ne sont pas à l'origine d'un problème d'ordre physiologique.

-**Les vertiges pathologiques** (au niveau du système nerveux central). Ils sont prévisibles et peuvent être assimilés à une maladie chronique.

-Les vertiges cervicaux : ce sont les plus fréquents, la personne éprouve une sensation d'instabilité et de perte de l'équilibre lors des mouvements de la tête.

-Les vertiges rotatoires : les objets et la pièce qui entourent la personne se mettent brusquement à tourner autour d'elle. Les vertiges s'accompagnent souvent de nausées et vomissements.

-Les vertiges du sujet âgé : avec le temps, les acteurs du système de l'équilibre s'altèrent et le risque de vertige, trouble de l'équilibre et chute sont présents. La perte neurale s'aggrave après 70 ans.

Et il y en a encore bien d'autres...

Il faut savoir que les causes des vertiges sont nombreuses comme : Otite chronique, altération de l'irrigation sanguine de l'oreille, fracture du rocher ou des maladies : Névrite vestibulaire, maladie de ME-NIERE...

Les vertiges ne sont pas à prendre à la légère. Certains seront bénins, d'autres pourront être graves. Mais en tout cas, les vertiges répétés doivent être pris au sérieux et nécessiter l'avis d'un Oto-rhino-laryngologiste (ORL).

En conclusion, le vertige est dû, soit à une atteinte neurologique ou cérébrale, soit à un mauvais fonctionnement du système vestibulaire localisé au niveau de l'oreille interne.
Je veux vous démontrer que le système vestibulaire est associé à la vue et à la position de notre corps dans l'espace afin de nous maintenir en équilibre. Donc si une anomalie intervient dans le système vestibulaire, cela entraine un conflit entre les différentes informations reçues par notre cerveau. Par conséquent, il en découle des pertes d'équilibre ou une impression que ce qui nous entoure est en train de tourner.

En conclusion, tout se passe dans notre oreille !

Notre oreille est composée de :
-l'oreille externe avec le pavillon et le conduit auditif,
-l'oreille moyenne avec le tympan, la caisse du tympan, les osselets et les deux fenêtres (fenêtre ovale et ronde). Les deux fenêtres permettent à la caisse du tympan de communiquer avec l'oreille interne. Il y a

aussi la mastoïde et la trompe d'Eustache considérées comme des annexes de l'oreille moyenne.
-l'oreille interne.

C'est notre cerveau qui gère notre équilibre, adapte notre position et ordonne nos mouvements.

Le cerveau est en corrélation avec :

1/l'oreille interne (siège de l'équilibre).

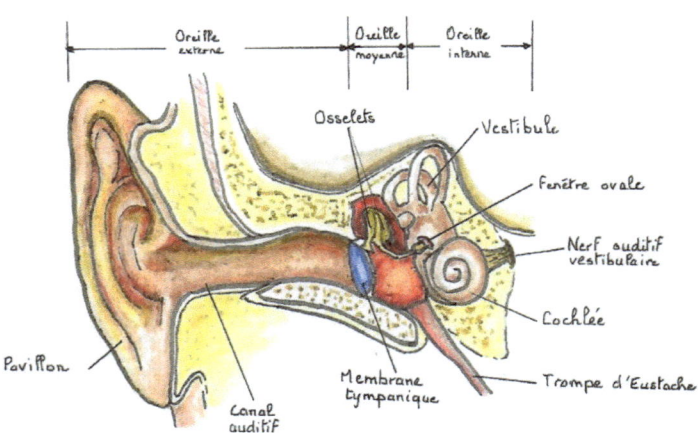

L'oreille interne est située dans le compartiment de l'oreille tout au fond enchâssée dans le crâne. Elle abrite deux types d'organes sensoriels : la cochlée (en forme d'escargot) assurant la fonction d'audition et le vestibule responsable de l'équilibre.

Le vestibule est composé de trois canaux semi-circulaires (pour la détection des accélérations) et de deux poches "saccule" et "utricule" (pour le positionnement de la tête).

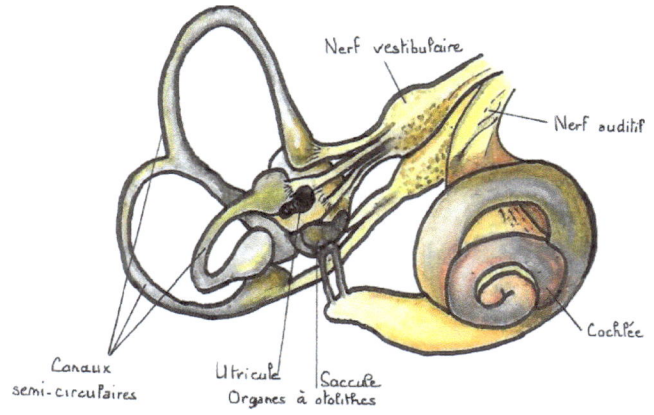

Chacune de ces parties contient des récepteurs sensoriels qui renseignent le cerveau par l'intermédiaire du nerf vestibulaire.

2/ la vue puisque les globes oculaires transmettent les images de l'ensemble de l'environnement spatial.

3/ les muscles et les récepteurs surtout ceux situés au niveau de la plante des pieds qui indiquent la position et les mouvements du corps sans l'aide de la vue.

Maintenant, l'oreille interne n'a plus de secret pour vous.

Dans tous les cas, si l'un de ces trois éléments est atteint, le diagnostic s'oriente vers un vertige vestibulaire, il faut donc consulter. En consultation de médecine générale, les plaintes concernant des vertiges représentent 5%.

Le médecin va alors déterminer dans quelle catégorie de vertige il classe le patient.
Il procèdera à un examen clinique complet.
Il va s'intéresser aux caractéristiques du vertige : à son apparition (vertiges anciens, récents, brutaux ou progressifs...), ensuite sa fréquence,

sa durée, l'élément déclencheur, présence de symptômes associés comme des douleurs, une migraine, des acouphènes (sons fantômes entendus dans une oreille ou les deux : sifflements, pulsations, cliquetis, bourdonnements)... et enfin aux antécédents médicaux du patient. Le médecin l'orientera alors vers un ORL afin d'effectuer un examen clinique approfondi.

L'ORL se focalisera sur les conduits auditifs et le tympan mais aussi sur l'équilibre et le mouvement des yeux.

Après des examens complémentaires seront pratiqués pour identifier ce qui déclenche le vertige, comme une analyse de sang, un audiogramme, un bilan cardiaque, un bilan ophtalmologique et orthoptique, une imagerie médicale (scanner ou/et IRM de l'oreille interne).

Lorsqu'une personne souffre de vertiges, l'examen des yeux est très important. En effet, chez certains patients, le vertige est associé à des mouvements horizontaux involontaires des yeux appelés nystagmus. L'œil se déplace brutalement d'un côté et de l'autre.

L'ORL réalisera un examen avec un appareil appelé la vidéonystagmographie (VNG) qui permet de plonger le patient dans le noir afin que son regard ne puisse pas fixer un point précis.
Pour commencer, l'ORL pourra pratiquer une stimulation rotatoire en installant le patient dans un fauteuil rotatif. Ainsi, il observera les mouvements oculaires grâce à une caméra infrarouge positionnée sur les yeux du patient. Cela lui permettra de mesurer et de visualiser sur un écran les mouvements spontanés ou induits dans l'obscurité par différents tests.

Pour approfondir l'examen, il pourra effectuer d'autres tests :
-Le test vibratoire osseux (TVO) consiste à rechercher une asymétrie du système vestibulaire à hautes fréquences. Un vibrateur à 100 Hz est

appliqué séquentiellement à droite et à gauche derrière l'oreille (en retromastoidien) pendant 3 secondes pour en analyser les conséquences au niveau de la stabilité du regard (nystagmus).

-Le test de secouement de la tête ou Head shaking test : La tête du patient est tournée pendant 20 secondes dans le plan horizontal tandis qu'il a les yeux fermés. A l'arrêt, chez le sujet normal, aucun nystagmus oculaire n'est déclenché. Chez le patient souffrant d'une pathologie de l'oreille interne, un nystagmus oculaire est observé, qui témoigne d'une lésion de l'oreille interne unilatérale.

-Le Video Head Impulse Test (VHIT ou test d'impulsions de la tête vidéo) : il permet de manière très précise d'évaluer le fonctionnement des canaux semi-circulaires (parties de l'oreille interne responsables de l'analyse des mouvements de rotations de la tête dans tous les plans de l'espace) en quelques minutes de façon indolore et rapide. Ce test est aussi adapté aux enfants.

-Le test DIX-HALLPIKE : le patient est rapidement abaissé en décubitus dorsal (à plat sur le dos) avec le cou tendu par le kinésithérapeute effectuant la manœuvre. En effet, il passe d'une position assise à une position latérale, sa tête tenue par le praticien s'étendant hors de la table d'examen. Elle est tournée de 45 degrés sur le côté testé. Un test positif est indiqué par le fait que le patient reproduit un vertige et que la praticien observe un nystagmus.

-Le test de ROMBERG : il explore l'équilibre et la sensibilité profonde renseignant sur la position spatiale de chaque membre par rapport aux autres. Le patient doit se tenir debout, talons joints, bras tendus, puis fermer les yeux. Sa capacité à maintenir sa posture est alors évaluée. S'il ne parvient pas à rester stable, on parle d'ataxie statique.

Ensuite, l'ORL pourra faire une stimulation calorique : il injecte de l'eau froide à 30°C dans le conduit auditif puis dans l'autre et ensuite de l'eau chaude à 44°C à 5 minutes d'intervalle. Cette technique crée volontairement des vertiges. L'ORL pose ainsi son diagnostic.

Un vertige est toujours un signal d'alarme. Dans la majorité des cas, une solution existe pour le soulager puis traiter la pathologie responsable. Les vertiges seront mieux traités si on en identifie la cause.

Je vous propose encore un peu d'histoire, cette fois-ci sur les traitements du 19ème siècle à nos jours.

Au 19ème siècle, un médecin relate dans un livre un soin conseillé à un patient atteint de vertige : "appliquer périodiquement tous les mois, douze sangsues au fondement (*le derrière d'une personne*), de prendre tous les deux jours un demi bain gélatineux (*eau + gélatine*), d'appliquer à l'issue du bain des ventouses sèches le long de l'épine (*le long de la colonne vertébrale*), de faire usage de la poudre de Valériane (*plante efficace pour diminuer l'anxiété légère*) à la dose de deux gros par jour, d'abandonner tout travail de cabinet et comme médication principale l'application d'un séton au cou (*une petite bandelette de linge que l'on passait au travers des chairs*)."

A la fin des année 1960, J-M STERKERS a demandé à un kinésithérapeute de rééduquer ses opérés afin de leur permettre de récupérer rapidement tout en diminuant leur temps d'hospitalisation. Les malades opérés ne souffraient pas de désordres moteurs mais d'une atteinte neurosensorielle. J-M STERKERS avait remarqué que les danseurs fixaient visuellement une cible pendant leur rotation. En fait, ils gardaient une référence visuelle fixe dans l'espace et la retrouvaient à la fin de leur rotation et ainsi de suite. La fixation visuelle était l'élément capital pour conserver l'équilibre.

C'est ainsi que la rééducation vestibulaire a été conçue.

Au début, cette technique était proposée aux patients en postopératoire. La rééducation visait à les mettre dans un état invalidant et de se servir du visuel pour obliger le cerveau à contrôler les réponses. Ainsi, la répétition de mouvements invalidants allait engendrer une compensation centrale par l'utilisation de systèmes de substitution. Avec les résultats positifs obtenus, cette technique a été ouverte à un éventail plus large de malades.

En 1980, un traitement rapide du vertige est découvert par Alain SERMONT, kinésithérapeute, par une manœuvre rapide pour guérir d'un coup un vertige. Par exemple :
-pour faire disparaitre un vertige paroxystique positionnel bénin, le kinésithérapeute vestibulaire réalisera, en plusieurs séances, des manœuvres de bascule visant à mobiliser et à disperser les minuscules calculs à l'origine des vertiges.
-pour une névrite vestibulaire, le spécialiste prescrira dans un premier temps des médicaments agissant au niveau vestibulaire et dans un second temps une rééducation vestibulaire si les troubles de l'équilibre persistent.

Ainsi, **la kinésithérapie vestibulaire devient un des piliers dans la prise en charge des troubles du système vestibulaire.** Elle aide l'organisme à s'adapter à la perte de l'un des capteurs sensoriels normalement présent dans le vestibule. Le patient doit apprendre à compenser en trouvant une nouvelle stratégie de l'équilibre et privilégier la vue et les autres systèmes de l'équilibre.

Le métier de kinésithérapeute vestibulaire est particulier. Afin d'approfondir cette spécialité et de répondre à mes réflexions pour alimenter la rédaction de mon livre, j'ai posé de nombreuses questions à monsieur M. qui effectue ma rééducation depuis sept ans. Toutes mes questions sont orientées sur un même sujet : la rééducation d'un patient atteint d'un syndrome vestibulaire dans sa globalité.

Lors d'une séance, j'avais annoncé à monsieur M. mon projet d'écrire un livre sur ma pathologie et d'obtenir sa collaboration professionnelle à laquelle il avait adhéré.
Par conséquent, j'ai voulu connaître son parcours, ses constats sur le syndrome vestibulaire et comprendre son choix de spécialisation dans ce domaine.

Son orientation date de toujours par pure curiosité intellectuelle jamais satisfaite par les différents diplômes qu'il a pu passer.
Il m'a précisé également que la production d'un ouvrage du professeur Jean-Pierre CHANGEUX du collège de France fut pour lui une découverte merveilleuse puisqu'il portait sur les bases des neurosciences.
C'est seulement au bout de dix ans qu'il a appréhendé dans son secteur d'activité une application des neurosciences : la rééducation vestibulaire dans les annales médico-chirurgicales de 1994 dont le promoteur est Alain SEMONT.

En 1999 il se lance dans de nouvelles études qui durèrent trois ans (comme des cours d'A. SEMONT HIMSELF). Puis en 2002, il ouvre une consultation spécialisée tout en continuant un cursus de perfectionnement chez A. SEMONT.

En 2013, j'ai dû rechercher un kinésithérapeute vestibulaire.
Il n'en existait que deux dans mon département, dont un beaucoup trop éloigné de mon domicile. Aujourd'hui, un troisième praticien s'est installé.

J'ai questionné monsieur M. sur la rareté de cette spécialisation. Il regrette qu'il y en ait si peu. La longueur des études complémentaires et l'énorme activité en kinésithérapie générale peuvent expliquer ce déficit. De plus, les vertiges font partie de plusieurs disciplines : l'otoneurologie, la cardiologie, l'endocrinologie et la médecine générale. Les vertiges sont donc d'abord un symptôme qui recouvre plusieurs affections qu'on peut appeler syndrome ou maladie. Les origines des vertiges sont donc très diverses d'où la complexité de compréhension.

Je vais maintenant d'écrire le parcours de soins effectué par le kinésithérapeute vestibulaire.

Dans un premier temps, il effectue un bilan en pratiquant un examen approfondi.

Pour commencer, il propose un questionnaire aux patients: DIZZINESS HANDICAP INVENTORY (DHI) ou Inventaire des Handicaps Vertigineux. Il a été conçu et validé en 1990 par messieurs GP. JACOBSON (directeur de la division d'audiologie) et D. NEWMAN (professeur de neurologie, d'ophtalmologie et d'otolaryngologie) dans l'état du Michigan aux Etats-Unis. Il a pour but d'évaluer la perception des effets incapacitants sur la qualité de vie causée par le vertige. Le questionnaire, composé de vingt-cinq items, a été développé pour évaluer les effets handicapants auto-perçus imposés par la maladie du système vestibulaire. Les items ont été regroupés en trois domaines de contenu représentant les aspects fonctionnels, émotionnels et physiques du vertige et de l'instabilité. La fiabilité de ce test a été démontrée.

Voici quelques exemples parmi les items proposés :
"Regarder en haut aggrave t'il vos sensations d'instabilité ?",
"Descendre un escalier augmente t'il votre problème ?",
"Marcher dans l'allée d'un supermarché augmente t'il vos sensations d'instabilité ?"
"Votre problème d'instabilité restreint-il votre participation à des activités sociales telles que vous rendre à un dîner, aller au cinéma, danser...?"

"Votre problème interfère t'il avec vos responsabilités professionnelles ou privées ?"
Et bien d'autres encore... Le patient doit répondre par : OUI, Parfois ou NON.
Ensuite, il installe le patient dans un fauteuil rotatoire en plaçant un casque (VNG) doté d'une caméra infrarouge sur les yeux pour observer les mouvements oculaires. Puis sans le casque, il le fait pivoter vers la droite, vers la gauche en lui faisant fixer un point.
Après, il effectue le test de ROMBERG : le patient se tient debout pieds joints et bras tendus et ferme les yeux et/ou le test de piétinement : le patient lève bien les genoux plusieurs fois de suite, les yeux fermés et les bras tendus.
Tout ceci va permettre au kinésithérapeute vestibulaire de voir la réaction du patient et d'établir un diagnostic.

Une fois ce dernier posé, chaque séance sera donc incluse dans un protocole de traitement.

Le kinésithérapeute peut proposer différents programmes de rééducation :
-des mouvements de tête horizontaux et verticaux, yeux ouverts et fermés en fixant un point sur un fauteuil rotatoire,
-des manipulations,
-des exercices de stimulations optocinétiques. Pour cela, il utilise un appareil qui projette des images horizontales vers la gauche puis vers la droite puis verticales en montant puis en descendant et pour finir un rond central. Ces exercices se passent dans le noir face au patient debout sans se tenir. L'objectif n'est pas de déstabiliser la personne mais de provoquer un conflit neuro-sensoriel thérapeutique : les informations plantaires et vestibulaires indiquent l'immobilité alors que les informations visuelles croient le contraire, ces exercices permettent de réapprendre et renforcer notre équilibre.

- la marche sur un tapis de mousse étroit pour retrouver des repères (la marche dans le sable est aussi très bénéfique pour compléter la rééducation),
- la station debout sur des mousses pour travailler l'équilibre en intégrant des mouvements de tête, yeux ouverts et yeux fermés. Au fur et mesure de l'évolution positive de l'équilibre des mousses supplémentaires sont rajoutées les unes sur les autres.
- des soins corporels (massages).

En complément, le kinésithérapeute peut prescrire le port d'un collier cervical souple pour maintenir au chaud le cou et réduire ou prévenir les raideurs du rachis cervical sans immobilisation totale.

Le patient petit à petit retrouvera une certaine stabilité, comme:
- la diminution de la fréquence, de la durée et de l'intensité des vertiges,
- la diminution des nausées, vomissements, maux de tête,...
- et surtout une amélioration de son autonomie dans ses activités quotidiennes.

Toutefois, monsieur M. précise qu'il a constaté que parfois les patients arrêtent la rééducation parce qu'ils n'ont pas constaté d'amélioration suffisamment rapide et/ou qu'ils sont souvent déprimés par leur état.

Dans une pathologie telle que les troubles vestibulaires, il faut savoir être patient, prendre conscience que la rééducation peut prendre du temps. Nous fonctionnons et progressons tous différemment à la vitesse de notre corps. Chaque sujet réagit en fonction de paramètres qui lui sont propres : son vécu antérieur, son état de stress ou d'anxiété. L'origine du trouble va bien sûr aussi moduler la rapidité de la guérison.

Par contre, monsieur M. conclue que nous ne pouvons "jamais" parler de guérison, mais plutôt de compensation vestibulaire. Le cerveau se contente d'une nouvelle stratégie d'équilibration qui parfois, peut être remise en cause dans les années suivantes. Il rajoute qu'il n'y a pas de solution miracle pour traiter les vertiges. Chaque cas doit être pris en considération afin de trouver la clé pour s'introduire dans "l'ordinateur" !

Il existe aussi des méthodes naturelles utiles pour limiter voir soigner ou soulager les vertiges :
-L'ostéopathie pour les vertiges liés à un problème cervical, quelques séances suffiront à corriger le problème.
-L'homéopathie, des granules adaptés peuvent être utiles pour lutter contre certaines formes de vertiges, d'autres contre les intolérances aux bruits, les nausées et les vomissements associés.
Dans des cas rares et surtout en fonction de l'origine des vertiges, la chirurgie est parfois nécessaire.

De plus pour limiter l'apparition des troubles vestibulaires, il est important également d'aborder le repos et surtout la qualité du sommeil.

Le dysfonctionnement vestibulaire de la fonction de l'équilibre provoque une réelle impression de déplacement de l'environnement comme au sortir d'un manège. Pour que la sensation de vertiges passe, nous devons nous allonger en attendant que cela disparaisse.

Si nous soupirons et baillons souvent, cela nous permet de décompenser et de relâcher les tensions du corps. C'est plutôt bénéfique, mais il faut rester vigilent pour que les soupirs et les bâillements ne s'accompagnent pas d'autres symptômes vestibulaires.

Pour tout être humain, lors de gros efforts physiques, le sommeil est important pour la récupération du corps. S'il est altéré, il accumule de la fatigue. Cette dernière s'exprime souvent au début par à coups, puis ensuite par une sensation de manque d'énergie comme si on débranchait une prise électrique.

Pour les personnes souffrant de troubles vestibulaires, la phase de **REPOS** est indispensable. Sans cette dernière, notre système neurovégétatif va au début encaisser mais arriver très vite à saturation. Notre système vestibulaire n'est plus en capacité de compenser. Cette saturation provoque des vertiges qui peuvent être accompagnés de crises de spasmophilie, de nausées, de vomissements... Mais à la longue, en plus, cela peut occasionner une baisse brutale de la pression artérielle qui entraine des étourdissements quand on se lève. Le corps émet un signal d'alarme et impose une récupération nécessaire !

Après plusieurs nuits de sommeil perturbé, si nous nous réveillons sans vertiges mais fatigués, c'est que notre sommeil n'est pas réparateur et que notre corps n'est plus en capacité de récupérer.
Un sommeil inefficace peut se traduire par une sensation de se réveiller plus fatigué que la veille au soir, un sommeil parsemé de réveils nocturnes, un besoin de se reposer dans la journée et de se coucher tôt, une impression de grosse fatigue alors qu'on a le sentiment d'avoir bien dormi.
Si c'est le cas, il faut se demander pourquoi ? D'où vient le problème ? Un repos forcé devient-il indispensable ?

Plusieurs éléments peuvent perturber notre sommeil : dans notre cas ils se manifestent par des tensions dans les jambes, au cou, des vertiges nocturnes, mais également des répercussions des perturbations vécues dans la journée...

Le lien avec le sommeil est encore inconscient, car nous développons des mécanismes de compensation pour "tenir bon". Nous nous contentons d'essayer de dormir davantage pour reprendre des forces. Alors le manque de sommeil devient un symptôme supplémentaire aux différents syndromes vestibulaires.

Un bilan médical est donc nécessaire auprès d'un professionnel de santé, un kinésithérapeute vestibulaire ou un médecin généraliste.

La prise en compte qualitative et quantitative du sommeil est une piste incontournable pour les personnes confrontées à ces différents types de syndromes.
Mon expérience et mes recherches montrent que le manque de sommeil peut être réglé par des mesures correctrices telles qu'une meilleure gestion des horaires de coucher, du respect du rythme de sommeil... En parallèle, il existe des traitements médicamenteux en priorité à base de plantes qui peuvent aider à favoriser un sommeil de qualité.

Monsieur M. ne se lasse pas d'explorer à longueur de temps le domaine vestibulaire qui effraie à la fois les patients et aussi bon nombre de praticiens de toutes disciplines. Il précise aussi que la complexité du corps humain est à l'image de toute structure vivante et de l'univers dans lequel nous sommes partie prenante et des observations jamais rassasiées.

Pour conclure, l'être humain est bien fait, mais il est parfois compliqué de le comprendre quand il nous parle.

Nous savons tous que le cerveau traite les informations qu'il reçoit en permanence pour assurer le bon fonctionnement de l'organisme, de façon automatique et silencieuse.

De même l'équilibre, la respiration, la tension, la digestion, (...) sont également des fonctions complexes qui sont prises en charge automatiquement par le système nerveux autonome (SNA).
Ce système automatique fonctionne silencieusement dès lors qu'il peut se passer de faire appel à la partie consciente du cerveau.
Dans le cas contraire, "un signal s'allume sur le tableau de bord" sous la forme d'un trouble fonctionnel, d'une gêne ou d'une douleur qui

semble vouloir signaler une maladie, une blessure ou un danger quelconque.

Si vous ressentez certains troubles, c'est que vos voyants corporels se mettent à clignoter, comme si votre système imposait un arrêt d'urgence et que la résistance du corps s'effondrait.
C'est ce qui c'est passé pour moi !

Troisième partie

Témoignages
Comprendre ce que l'on vit et ce que l'on subit

Dans ma vie quotidienne et ma rééducation, j'ai rencontré diverses personnes atteintes des mêmes troubles que moi. J'ai été frappée de constater que nos ressentis étaient identiques, alors que nous ne souffrons pas des mêmes syndromes vestibulaires.

J'ai donc pris conscience que je **n'étais pas toute seule** à vivre cela !

C'est tout naturellement qu'il m'a paru logique et incontournable de leur donner la parole pour étayer, par leur vécu, ce qui a été développé antérieurement dans mon livre.

J'ai créé trois questionnaires.
-le premier, à l'attention de monsieur M, qui m'a permis d'être plus précise et claire dans la rédaction de la deuxième partie de mon livre,
-le second, en direction des patients de monsieur M afin de recueillir leur histoire,
-le troisième, destiné aux personnes de mon entourage proche.

Dans un premier temps, j'ai remis les questionnaires au secrétariat du cabinet de monsieur M. Ils étaient distribués à tous les patients atteints des syndromes vestibulaires. Etonnée de ne pas obtenir de retour, je me suis questionnée. Plusieurs patients m'ont précisé qu'il était difficile pour eux de s'exprimer à ce sujet et par quoi commencer. Le fait d'écrire leur faisait revivre encore plus leur maladie.

Après en avoir échangé avec mon kinésithérapeute, nous avons convenu qu'il distribuerait lui même les questionnaires **aux personnes PRETES** à le remplir.

Voici le message que je leur ai adressé :

Aujourd'hui, j'écris un livre sur mon histoire depuis que je souffre de vertiges. J'ai besoin de vous car j'ai prévu une rubrique réservée à vos témoignages.

Nous sommes nombreux à avoir des vertiges, mais peu de personnes comprennent ce que nous vivons.
Il est important de s'exprimer sur ce que l'on ressent, subit, sur les incompréhensions des personnes qui nous entourent...

Nous avons tous une histoire, quelle est la votre. Alors à votre plume !

Je leur ai posé trois questions :

Quelle est la cause de vos vertiges ?

Quelle est votre histoire ? Comment vivez-vous depuis que vous avez des vertiges ? (l'évolution de votre santé, vos symptômes, vos ressentis, vos incompréhensions, vos envies, vos questions...),

Comment réagissent les personnes qui vous entourent (famille, amis, collègues...) ?

Voici leurs témoignages que je retranscris intégralement pour éviter l'interprétation, car ce sont leurs mots et leurs histoires !

« **Madame L., 48 ans.**
La cause de mes vertiges est due à une fatigue intense et un épuisement des nerfs faisant une immaturité positionnelle et aussi due à un blocage au niveau des cervicales.

Mon histoire a commencé en juin 2017, par une crise. Impossible de rester debout, de garder les yeux ouverts et tout ce qui faisait du bruit autour m'indisposait. D'après mon entourage, j'étais blanche et avais les traits tirés. La crise est passée. Et là commence une série d'examens: cardiaque, ORL pour l'oreille interne, IRM cervicale et une admission aux urgences pour une nouvelle crise mais cette fois-ci arrivée au travail.

Après la prise de cachets pour les vertiges, rien ne change. Mais tout ceci dure 4 mois sans réelle amélioration.
Mais ce qui est dommage dans ce genre de situation, c'est que j'en ai vu des médecins pendant 4 mois. J'ai entendu me dire par l'un d'entre eux que je suis une énigme et par un autre que c'est psychologique et qu'il faut que j'apprenne à respirer (le mot est lancé, je suis folle). En retournant voir mon médecin traitant pour lui montrer tous les examens effectués, elle me donne le téléphone de monsieur M. un kinésithérapeute. Ne sachant pas que c'était un kinésithérapeute spécialisé, je prends rendez-vous chez un autre kiné plus près de chez moi et après cinq séances, il me dit d'aller voir monsieur M. qui pourra m'aider.

Au début, difficile de comprendre même pour moi. Mon entourage voit bien ma détresse et ne sait pas quoi faire pour m'aider. Toute la vie et les activités tournent autour de mes crises. Ce n'est pas grave quand on pense aux autres personnes qui sont plus gravement blessées que nous. Mais c'est invalidant dans certaines situations.

Mes principales questions sont :
-Quand vais-je aller mieux ?
-Pourquoi ces vertiges maintenant ?
-Qu'est ce qui les a provoqués ? »

« **Monsieur K., 84 ans**
Il m'est impossible de dire la cause de mes vertiges.

Depuis que j'ai mes vertiges, je vis normalement : peut-être la vie actuelle, toujours courir pour tout.
Je marche tous les deux jours 10 km en hiver et fait du vélo intérieur et en été du VTT tous les deux jours 25 km.

Normalement, je ne change pas mes habitudes. »

« **Monsieur P., 68 ans**
J'ai le syndrome du défilement.

Brusque chamboulement dans ma vie "normale" au retour des vacances en juillet 2014, lors de ma première semaine de mon statut de retraité. J'ai eu une grosse angoisse sur l'autoroute, j'ai du m'arrêter sur la bande d'urgence et mon épouse a repris le volant. Depuis je n'ai jamais retrouvé mes facultés normales à conduire.
Après de multiples examens : IRM cérébrale, IRM des cervicales, les yeux, le cœur...mon ORL me dirige sur le centre parisien à la Falguière où je passe de nouveaux des examens très poussés. Rien de probant. Les médecins me recommandent auprès de monsieur M. un kinésithérapeute qui me fait un bilan vestibulaire et me parle de ce syndrome du défilement.
J'entame alors des séances de rééducation vestibulaire une trentaine réalisées à ce jour du 27 décembre 2017.
Je constate un léger mieux mais cette amélioration est irrégulière. Je suis souvent démoralisé devant cette situation invalidante. J'éprouve également de la gène dans des espaces lumineux et bruyants.
Je suis parfois épuisé littéralement...je manque de concentration. Une fois, j'ai fait le plein d'essence et je suis parti sans payer. Bien sûr je suis retourné aussitôt, ou alors j'oublie mon code de carte bleue...
Je ressens un immense sentiment de gâchis. Ce que je souhaite le plus, c'est pouvoir reconduire au delà de vingt kilomètres sur des grands espaces. Je serais tellement heureux.
Je suis professeur de Karaté 5ème DAN et dans mon enseignement, ça va globalement bien, même si parfois je manque un peu de concentration. Mes amis du club le savent.

Mon entourage est au courant mais évidemment, il ne peut pas comprendre mon mal de vivre.
Mon épouse comprend pour la conduite mais pour le reste c'est plus compliqué...

Pour comprendre, il faut le vivre et je ne le souhaite à personne.
J'ai rencontré chez monsieur M. et pour la première fois une jeune femme de 33 ans qui souffre exactement du même syndrome du défilement et après quelques échanges avec elle, je me suis aperçu que nous ressentions les même difficultés. »

« **Madame F., 53 ans**
Les vertiges sont apparus à la suite d'une chute. L'arrière de ma tête a heurté l'allée en béton.

Les vertiges ont commencé 3 semaines après cette chute. Ils ont été tout de suite assez violents. Je me demandais ce qui m'arrivait.
La première fois, cela s'est produit au réveil puis tout au long de la journée. Ce qui est incompréhensible pour moi, vu que ces symptômes n'étaient pas réguliers. Pendant trois jours d'affilée puis je restais une journée à peu près bien et "rebelote" et ainsi de suite jusqu'à ma rencontre avec mon "sauveur"...
Toujours les même symptômes : vertiges (idem les yeux fermés), de fortes suées suivies de vomissements.
Dans ces moments, impossible de tenir debout. Tout tournait autour de moi : les murs, les meubles, le lit... une horrible sensation !
Donc, le soir, après mon appel au médecin, direction les urgences : scanner. Le lendemain chez le généraliste : IRM à faire et ordonnance avec des médicaments qui ne m'ont fait aucun effet.
Puis l'ORL avec toute une batterie de tests : tous les résultats sont corrects...
D'où venaient donc ces vertiges puisqu'ils ne tenaient pas compte de ma chute ?
Finalement, mon médecin m'envoie chez un kinésithérapeute vestibulaire.
Eureka ! Cette personne m'a écoutée, m'a fait faire de petits tests et

conclusion tous mes problèmes résultaient bien de ma chute même si les symptômes étaient arrivés trois semaines plus tard.
Quel soulagement car j'étais dans le flou...
Quinze séances de kinésithérapie pour tout reprogrammer dans ma petite tête... Je plaisante, mais c'est le principe de cette méthode pour mon cas.
Les résultats ont été spectaculaires.
En même temps, j'ai continué autant que possible à pratiquer la danse, ce qui m'a aidée à progresser dans la rééducation de mon équilibre. Ce sport est un très bon "remède".

Au début, cela a inquiété des membres de ma famille. Les symptômes étaient très importants.
Je n'ai jamais ressenti d'incompréhension à mon égard.
Ils ont été très soulagés lors de l'amélioration à la suite des premières séances de kinésithérapie vestibulaire.

Je tiens à remercier ce kinésithérapeute, monsieur M., pour son professionnalisme, sa compétence et sa gentillesse.
Aujourd'hui, grâce à lui, tout va pour le mieux ! »

« **Madame R., 43 ans**
J'ai une névrite vestibulaire.

Je me suis fait opérer de l'épaule droite en septembre 2008 et j'ai beaucoup stressé avant et après l'opération, j'ai eu une dose de morphine pour calmer les douleurs postopératoires que je n'ai pas supportée. Je me suis réveillée dans la nuit avec vomissements et toute la pièce tournait autour de moi.
Avant ma sortie, j'ai vu le chirurgien qui m'a conseillé d'aller voir un ORL, ce que j'ai fait et c'est lui qui m'a diagnostiqué une névrite vestibulaire, c'est à dire que les cristaux de l'oreille (chez moi l'oreille

droite) ont bougé et cela donne des vertiges et des nausées. J'ai eu un traitement avec du Tanganyl pour atténuer les vertiges et une rééducation avec monsieur M. d'octobre à novembre 2008 (10 séances). Par contre, l'ORL m'avait prévenu d'une récidive au bout d'un an et cela m'est bien arrivé car fin octobre 2009, j'ai eu de nouveau des vertiges mais que j'ai réussi à combattre avec le Tanganyl. Et là je pensais être guérie.

Mais voilà qu'une otite à mon oreille droite est passée par là en décembre 2014. J'ai eu de fortes douleurs. J'ai eu un traitement avec antibiotiques, visite chez l'ORL qui a constaté de nouveau mon problème de vertiges.

J'ai repris rendez-vous avec monsieur M. pour la rééducation (les séances débutent en janvier 2015, j'ai fait 30 séances). Il m'a confirmé que ces vertiges peuvent revenir à tout moment car c'est ancré dans mon corps. J'ai eu la chance d'être tranquille pendant cinq ans mais je reconnais que j'angoisse toujours d'avoir de nouveau ces vertiges et nausées.

On se sent tellement mal car on a la sensation d'être sur un bateau en pleine tempête qui tangue tout le temps. Mais le soucis, c'est que les proches ne se rendent pas compte de la gêne qu'on ressent car ce n'est que des sensations et ce n'est pas visuel comme une blessure. Même pour faire mes courses, j'avais du mal, le fait de tourner dans les rayons et le grand nombre de gens autour de moi accentuaient mes vertiges et nausées (je portais également une minerve pour bloquer mon cou et éviter de solliciter le nerf de mon oreille).

Ce que j'ai peur c'est que bientôt notre "bienfaiteur" kiné monsieur M. prendra sa retraite. Y aura t-il quelqu'un pour prendre le relais et m'aider pour ma prochaine crise que j'espère dans plusieurs années ?

On est beaucoup de personnes à avoir ces problèmes de vertiges et d'équilibre et avec des histoires tellement différentes mais je pense qu'il faudrait plus de kinésithérapeutes formés et conscients que c'est cette rééducation qui nous aide à tenir.

Je pense que seules les personnes qui ont vécu ce problème de vertiges et d'équilibre peuvent nous comprendre, malgré tout, j'ai eu le soutien de mon mari et de mes collègues de travail. »

« **Madame M., 51 ans**
Virus sur le nerf interne de l'oreille gauche : névrite vestibulaire.

Au réveil, le matin du 15 août 2016 "mais qu'est ce qui m'arrive !" Tout tourne autour de moi impossible de me lever. Je me croyais sur un bateau en pleine tempête... Nous étions dans le Morvan, je voyage couché dans le camping-car jusqu'à mon domicile et obtiens un rendez-vous avec le médecin, l'après-midi qui constate une gastro ! mais me conseille de voir tout de même un ORL. J'obtiens un rendez-vous ORL seulement le 12 septembre ! Je marche avec une canne pour essayer de faire quelques pas, sans tomber, à peu prêt droit...
Je ne peux plus conduire donc plus travailler. Tout s'écroule "je prends un sacré coup sur les épaules".
Aujourd'hui le 16 novembre 2017, je constate un peu d'amélioration. La fatigue s'estompe peu à peu mais je ne peux toujours pas conduire la nuit, je ne peux plus aller danser, regarder certains films. Je m'occupe quand même de ma petite-fille de temps en temps. En fait, je vis au ralenti.
Pour me distraire, je lis beaucoup et joue un peu de guitare. Je fais mille bêtises, tout glisse des doigts.
Ces quelques mois de repos m'ont fait du bien mais j'aimerais retrouver rapidement mes facultés et reprendre une vie presque normale. Dans combien de temps ? Est-ce que ça peut recommencer ?
Rien ne sert de poser des questions auxquelles personne ne peut répondre.
Au fait, je suis coiffeuse donc dans mon métier, il faut être toujours debout. On est dans le bruit en permanence et en plus on écoute tous les petits soucis de tout le monde.

Je n'avais jamais entendu parler de cette maladie.

Je ne sais pas si les personnes comprennent mais celles autour de moi compatissent et sont très patientes avec moi. »

« **Monsieur G., 64 ans**
Suite à un décès d'un proche (mère).

Les premiers vertiges sont arrivés lorsque j'étais au travail. J'ai été très surpris, je croyais que cela venait de la tension. Lorsque je me promenais, je longeais le mur pour ne pas perdre l'équilibre. Je m'habitue sauf lorsque j'ai des grosses crises.

Lorsque j'ai trop de vertiges ma femme m'aide surtout lorsque l'on sort. Elle me soutient moralement et physiquement.
Surtout depuis que l'on sait que cela vient de mon oreille droite depuis 2013. »

« **Madame N., 42 ans**
Exactement je ne sais pas … un tout.
On m'a parlé d'un arrêt, d'une alerte avec un risque d'un burn-out, le corps qui parle par rapport au stress, le travail, le transport, une grossesse, un bébé, des nuits hachées, un allaitement très long…en fait plusieurs facteurs mis bout à bout.

Plusieurs crises différentes :
la première un soir en sortant de l'école (je suis instit en maternelle), après une journée où je me suis sentie bien vaseuse avec un peu de vertiges mais rien d'extra ordinaire, mettant cela sur la fatigue (une dure journée, une mauvaise nuit…) sauf que le trajet à pied s'est révélé très difficile comme si j'avais bu une bouteille de whisky et que j'étais

saoule : mes pieds, mon corps, ne répondaient plus et j'ai failli percuter un feu rouge.
STOP ! obligée de téléphoner pour que mon papa vienne me chercher et me ramener à la maison. Mes parents ont pris rendez-vous chez leur médecin traitant en urgence : batterie d'examens classiques (tension, vue...) et rien... : du repos et éventuellement si d'autres troubles, examen de l'oreille interne : parcours classique, quoi !
Reprise du travail le lendemain ("moi m'arrêter, connais pas !") après une bonne nuit de sommeil et rien pendant des semaines, jusqu'à un samedi matin clouée au lit ! Ne pouvant me lever, m'occuper de mon bébé : la tête dans tous ses états et impossible d'être debout... c'est la deuxième crise.
Appel SOS médecin qui me dirige vers un ORL pour des examens. Pour lui, vertiges OK mais traitement médicamenteux, IRM éventuellement pour écarter tumeur et voilà ! Mais allaitement "oblige" et donc pas de médicament et donc direction "kiné" mais pas n'importe lequel, un spécialisé en "vestibulaire", en "cristaux liquides"....
"Qu'est-ce que c'est que ces trucs ?!" Jamais entendu ! Heureusement que j'allaitais sinon le bon diagnostic ne serait jamais tombé ! Me voilà embarqué chez un "kiné". Quelle relation entre un kiné et ma tête ?
Première visite d'une longue série (si j'avais su...) et première fois que j'entends parler de la rééducation vestibulaire, qui en plus, passe par les yeux ! Je n'y comprends rien mais bon cela me fait du bien même si après chaque séance je suis énervée ! J'essaie de me reposer au maximum mais pas toujours facile !
Tout finit par rentrer dans l'ordre et je vois que j'ai récupéré "toute ma tête"...jusqu'à la troisième crise...
Le médecin urgentiste m'avait prévenue ainsi que le "kiné".
La première crise OK, on se remet, la deuxième pas trop, on a du mal à remonter et la troisième on est KO comme le boxeur sur le ring... : clouée (enceinte de 4 mois) pendant 72 heures nauséeuse, vomissant en boucle, aucune alimentation...

Première sortie au bout de trois jours pour "jeter mes poubelles" accompagné par mon mari pour descendre un escalier en colimaçon et faire vingt mètres... Waouh l'exploit, l'effort fourni !

Et la vie bascule, dans rien de dramatique, mais rien n'est plus comme avant :

- Plus jamais sûre de soi, épée de Damoclès au dessus de la tête :
    - Va t'elle tenir ?
    - quand cela va me reprendre ? et comment, aurai-je mes enfants à gérer ?
    - manque de confiance en soi
    - grande fatigue
- Plus de magasins avec beaucoup de monde, de lumières, de musiques, de bruits, de mouvements,
- Plus de salons,
- Plus de manèges avec mes filles (je ne peux plus tourner et regarder tourner)
- Difficultés : au cinéma, devant la télévision, suivant comment c'est filmé.
- Plus de ski comme avant : skier plus doucement par temps clair et difficultés par rapport aux télésièges et télécabines.
- Difficultés pour monter sur une chaise.
- Difficultés dans les transports : avion compliqué, voiture en tant que passager, trains grandes lignes à grande vitesse.
- Difficultés par rapport aux escaliers en colimaçon !

Il n'y a que les proches qui percutent et connaissent et qui m'ont vue dans ces états.

En effet, il n'y a aucun signe extérieur visible et même en expliquant, les personnes ne peuvent comprendre.

Remarquez, qui a entendu parler de "vestibule", de "rééducation vestibulaire" qui passe par un "bout rouge au bout d'un bâton bleu" que l'on regarde, assis sur un fauteuil (de coiffeuse !?), bougeant de gauche à droite et de droite à gauche...

Idem pour la "salle de cinéma" qui consiste à regarder debout des lumières projetées sur un mur blanc !
Pas grand monde à part nous et nos proches !
Ce "mal" invisible, incompris, méconnu et "à vie" pour moi, c'est ma faiblesse !
J'ai appris à connaître mes limites, à me connaître et à détecter les petits signes avant-coureurs.
Cela fait maintenant deux ans (deux longues années) que je me rends toutes les semaines chez le kiné pour ma séance de rééducation vestibulaire, depuis la dernière crise de 72 heures !
Je ne sais quand cela va s'arrêter et si ma "tête" va revenir comme avant, un jour... Cela change ma vie et cela pourrait être apparenté à un handicap...»

«Anonyme, femme de 69 ans
La cause de mes vertiges vient de mon oreille interne.

De retour de congés, deux jours après, le matin au lever, il m'est impossible de descendre l'escalier, je suis accrochée à la rampe, comme sur un manège qui tourne. Impossible de me coucher dans mon lit pendant deux mois. Je dois être en position assise avec deux oreillers. Je ne peux plus me laver les cheveux avec la tête en arrière, J'ai souvent des déséquilibres, je marche de travers et m'aide d'une canne. L'évolution de ma santé est lente avec quelques progrès. Je suis suivie par monsieur M qui m'aide bien mais de grosses contrariétés se mêlent à mon état et c'est difficile de reprendre une vie normale sans oublier les nausées...
Mes envies : "Que ce mal-être s'arrange, de pouvoir prendre mes petits-enfants dans les bras sans avoir la crainte de les faire tomber. Enfin retrouver une vie normale, mais quand et dans combien de temps ?"
Je dois avoir de la patience et essayer de garder le moral, ce n'est pas toujours facile... C'était difficile de lire et enfin ça revient doucement.

Sans oublier qu'il est impossible de conduire, donc je suis dépendante des autres, dur dur...

La réaction des personnes qui m'entourent est parfois un peu dure, il faut "se secouer et penser à autre chose", mais comment faire, peut-être quand ce mal-être repartira ?
Pour les amis, et bien, on n'est pas au mieux de sa forme, alors les visites s'espacent, les personnes tristes font fuir les gens. Patience et toujours patience, c'est très très dur, mais je crois que des jours meilleurs reviendront. Je positive.»

«Madame L., 54 ans
J'ai une névrite vestibulaire due à un virus.

Mes vertiges ont débuté en octobre 2009 et le diagnostic est tombé le 20 novembre. Je suis restée couchée pendant plus d'un mois sous traitement (Tanganyl et Bétaserc). J'ai commencé la kiné avec monsieur M, le 20 novembre et là j'ai vraiment senti une évolution, je tenais debout ! A raison de deux séances par semaine pendant six mois, j'ai retrouvé un peu d'équilibre, mais toujours pas de travail. Après un arrêt de travail de huit mois, j'ai repris à mi-temps thérapeutique qui s'est soldé par une invalidité catégorie 1. A ce jour, je refais occasionnellement des séances de kiné et d'orthoptie et évidement aucune activité qui me déstabilise. Du coup, une vie sociale un peu compliquée car mon problème de santé ne se voit pas et les gens ne peuvent pas l'imaginer. Tout ce qui peut être simple pour n'importe qui, devient une montagne pour toutes personnes souffrant de vertiges. Récemment à mon travail, une collègue a été prise de vertiges et elle m'a dit : "je n'imaginais même pas ce que ça pouvait faire, maintenant je te comprends ?"
Avant ça, je n'avais pas de vertiges, aujourd'hui je me sens super mal quand je vois le vide et ce n'est pas facile de traverser un pont de singe en montagne, moi qui aime la randonnée.

La fatigue arrive aussi beaucoup plus vite, le soir vers 20h30, je suis épuisée.
Les journées, où la luminosité est faible, sont aussi très compliquées à gérer.
Bien sûr ce n'est pas grave mais ça bouleverse complètement votre vie.

La réaction des personnes autour de moi, au début, c'était très très compliqué et ils ne comprenaient pas. Et grâce à monsieur M qui m'a bien fait comprendre qu'il fallait continuer à avoir une vie sociale et ne pas céder à ce que les gens nous disent, j'ai réussi à maintenir ma petite vie avec mes amis, des activités adaptées à mon problèmes de vertiges. Il faut être super positif sinon, je pense que la dépression n'est pas loin.»

« **Anonyme, 79 ans**
Je ne connais pas la cause de mes vertiges.

C'est survenu brutalement par une surdité à droite, des vertiges, nausées et vomissements. Le lendemain, j'ai eu des corticoïdes oraux. Il y a eu une petite amélioration mais avec une persistance des troubles de l'équilibre et de l'audition (perte à 90 %). Urgences ORL, j'ai eu trois injections de cortisone intratympanique. J'ai fait 10 séances de kiné vestibulaire, ce qui a amélioré mon équilibre mais pas ma surdité.
J'ai renoncé à voyager pour le moment, je fais attention en traversant les rues et je voudrais faire à nouveau du vélo.
Je prends des compléments alimentaires pour :
- antistress : Rhodiola
- circulation : Gineste
- antinausée, si besoin : Cocculine.

Pour les personnes qui m'entourent, au début, ils étaient très compréhensifs puis sont devenues indifférents. »

«**Monsieur KE., 40 ans**
D'après les médecins, je souffre d'un déplacement des cristaux dans l'oreille.

J'avais la sensation de perdre l'équilibre, une sensibilité à la lumière, au bruit, une grande fatigue, des nausées et une impression d'être dans le brouillard, presque endormi. J'ai eu une longue période de vertiges (2 ans) avec des hauts et des bas. C'est très handicapant et angoissant ce qui n'arrange pas les symptômes. J'ai consacré beaucoup de temps aux consultations chez divers médecins spécialistes sans véritables réponses.

Ma famille s'est montrée compréhensive mais avec un sentiment de frustration de ne pas pouvoir me soulager.»

«**Madame KA., 36 ans**
La cause est pour ma part inconnue.

Ce problème a commencé précisément le 4 janvier 2013 suite à un malaise dû à ce phénomène mais, à cette période, je l'ignorais. Au départ, la souffrance fut très grande, impossible de me lever et de faire quoi que ce soit. Seule la position allongée m'était la plus confortable. J'avais des maux de tête, mes jambes ne me supportaient plus. Au bout de deux ans de recherche et de souffrance, j'ai vu un neurologue qui a compris ce que je vivais et cette dernière m'a orientée vers monsieur M pour la kiné vestibulaire. Grâce à la kiné, ma santé a évolué petit à petit jusqu'à retrouver une vie à peu près normale, même normale je dirais. J'ai donc repris mon travail au bout de trois ans d'arrêt. Cependant au fil du temps, j'ai commencé de nouveau à ressentir des sensations étranges : difficultés à rester debout, à me concentrer, à supporter la foule et de là une belle rechute. Je trouve cela incompréhensible, je n'accepte pas cette "maladie" car je n'ai pas connaissance de la cause et

je ne comprends pas qu'une grande partie du corps médical ne connaisse pas ce problème. J'aimerais réellement que cela disparaisse à jamais pour revivre et non survivre.
Pourquoi est-ce que je souffre autant si je n'ai rien dans les examens cliniques ? Et alors que je n'ai aucune maladie ?

Ma famille commence à comprendre, même si au départ, on m'a dit : "c'est une dépression, il faut te bouger". Ma famille subit car elle vit à mon rythme. Mes amis ne comprennent pas vraiment même s'ils voient bien ma souffrance. Je dirais que tout le monde pense que c'est psychologique. Il est vrai que le moral finit pas être touché mais c'est la conséquence et non la cause. J'ai la certitude que si ce problème disparait, tout ira dans le meilleur des mondes car j'ai tout pour être heureuse.
En ce qui concerne mes collègues, c'est pareil, ils ne doutent pas de ma sincérité concernant les symptômes que je leur décris mais eux aussi ne comprennent pas ce problème. Il est vrai que ce n'est pas juste une question d'instabilité. Il y a le syndrome du défilement : ne pas pouvoir fixer les choses, pencher la tête, courir, faire du vélo, conduire...(la liste est longue). Je remercie monsieur M qui est d'une grande aide.»

«**Madame D., 72 ans** (cette patiente m'a remis un cahier, complet et riche en détails, en informations, illustré de nombreuses photos relatant en lien avec l'évolution de son état de santé. J'ai donc été dans l'obligation de couper certains passages)
La cause de mes vertiges est un otolithe (ou peut-être d'autres causes...).

Le 4 mai 2013, vers 5 heures du matin, le jour se levait à peine, c'était en mai. Je fus réveillée pas une sensation terriblement angoissante : les murs de ma chambre tournaient violemment. Je fermais les yeux, rien n'y fit, tout tournait, les murs, les portes, ma tête. Je les rouvris : ce fut pire, la fenêtre, l'armoire, le plafond s'emballaient dans un insupportable mouvement giratoire. Je me résignais à réveiller mon compagnon, lui demandais d'appeler les pompiers. Peut-être pourraient-ils m'aider ? Ils arrivèrent en un quart d'heure. Ils me firent un électrocardiogramme (je porte un pace maker), me conduisirent avec précaution (oh la descente de mon escalier sur une chaise qui me parut de torture !) avec gentillesse, avec patience, aux urgences de l'hôpital.(...) Je vécus trois jours insupportables, d'attente, de déplacements dans des couloirs sur des chariots improbables de pièce en pièce. Tout y tournait, les portes avaient perdu leur verticalité, les murs s'affolaient, j'entendais vaguement les voix des personnes que je ne pouvais voir (...). Mon compagnon put venir me voir, je ne le voyais pas. Je sentais juste qu'il me tenait la main. J'avais subi bien des souffrances en 67 ans de vie, mais à ce point là jamais. D'ailleurs, ça ne ressemblait pas vraiment à une souffrance, beaucoup plus à une angoisse monstrueuse, à une sorte de torture sans bourreau. (...) Le 4ème jour, enfin, me redonna espoir : ça tournait toujours, un peu moins fort cependant et je fus véhiculée jusqu'à une vraie chambre. (...) Dès lors, ils furent nombreux à venir me voir, médecins, infirmières, aides soignants, hommes ou femmes attentifs, compatissants, compétents même si mon état les laissait plus ou moins perplexes. On me gratifia d'un scanner (qui s'avéra rassurant, ni AVC, ni dommage insoupçonné, mais quoi alors ???). Ma vue était revenue quasi normalement, mon environnement proche retrouvait une place acceptable à condition que je ne tente pas de quitter le lit. (...)

Un tournant s'opéra dans cet épisode violemment vertigineux quand la charmante médecin qui me suivait depuis quelques jours pris la décision de me faire consulter un ORL rattaché à l'hôpital. (...) J'entrevis comme une porte de sortie lors de cette consultation : l'ORL, délicat, compétent, à l'écoute, m'examina avec soin, prit la mesure de mon état, physique et anxieux, et me conseilla (...) de prendre rendez-vous auprès d'un kinésithérapeute spécialisée dans les problèmes vestibulaires. Quelques jours après, je rentrai chez moi. (...) Malgré les précautions prises par mon compagnon, le bref parcours jusqu'à notre maison fut vécu comme une régression. Les maisons qui bordaient la rue semblaient se soulever, en rythme, les unes après les autres, rythmes qui ne ressemblaient, là encore, à rien de connu. Les rues dansaient bizarrement. Nids de poule et virages me donnaient des hauts le cœur. Enfin, j'étais chez moi mais je n'étais bonne à rien pour les activités du quotidien, mais bonne à lire dans mon fauteuil, alors je lus - situation oblige - le bel ouvrage de Simone DOBLER et Brunon SAURON : "Les Vertiges". Je voulais tenter de comprendre, confronter mes horribles sensations avec un discours de professionnels et de chercheurs, étudier les schémas explicatifs, trouver un éclairage pour cerner les contours de ce qui m'était si obscur. Je pris rendez-vous avec un kinésithérapeute vestibulaire de la SIRV (Société Internationale de Réhabilitation Vestibulaire).(...)

Débuta donc fin juin, le vrai traitement de ces méchants vertiges. Ils étaient vraisemblablement dus à des otolithes, "cailloux dans l'oreille littéralement". Il s'agirait plutôt de micro micro micro corpuscules nichés dans les ramifications de l'oreille interne et qui vous perturbent le très complexe système d'équilibre. (...) Les soins commencent par un bilan, questionnaire oral et exercices de vérification de l'équilibre - ou plutôt du déséquilibre. Verdict du spécialiste : un bel et beau et bien réel "nystagmus".(...) Si, dans le type de vertiges qui fait tourner les murs, il est relativement possible de fournir une description, dans le type de vertiges provoqués par le traitement je me sens privée de mots.(...) Grand est mon étonnement de constater que l'on soigne, en quelque sorte, le mal (vertiges d'origine) par le mal (vertiges du traitement). Voilà qui est très perturbant.(...) "Mais enfin de quel droit m'infligez-vous ce cruel traitement ?" On verra plus loin que, bien sûr, les choses pour moi évolueront. (...)

Et se pose alors la question, tandis qu'à mon retour chez moi, je sanglote dans ma voiture : "Reviendrai-je pour d'autres séances ???"

Mais je reviendrai ! Je reviendrai même pendant deux bonnes années, à raison de deux séances par semaine, jusqu'au jour où le thérapeute me dira "nous avons fait du bon travail". Ce "nous" fut la preuve s'il en

était encore besoin au bout de tant de séances qu'un pacte indissoluble s'était créé entre le kiné praticien et la patiente que j'étais ! (...)
Le kinésithérapeute vestibulaire quand bien même il serait amené à vous malmener pendant le traitement, (...) il est là au fil des semaines, des mois, voire des années, il est à votre écoute, s'établit quasi nécessairement une relation de confiance et d'échanges réciproques. Ce que le vertige a détruit, il s'efforce de le reconstruire. Une sorte de ciment scelle alors ce lien qu'on peut dire incomparable.

(...)Je tiens à dire combien j'ai éprouvé de reconnaissance pour toutes celles et ceux, personnels hospitaliers, amis, proches, mon compagnon, qui m'ont aidée, soignée, comprise, du moins dans la mesure où l'on peut comprendre ce que l'on n'éprouve pas soi-même(...)»

«Madame S., 56 ans
Fatigue générale et choc émotionnel.

Date de la crise le 23 octobre 2018. Très mauvaise prise en charge dès le début par le médecin urgentiste. Les vertiges furent violents, vomissements, perte de l'équilibre à se tenir au mur. Pendant trois semaines, inactions des urgentistes et d'un ORL. J'ai dû rechercher moi-même sur internet la solution et prendre rendez-vous avec monsieur M., kinésithérapeute vestibulaire. Ce dernier m'a enfin manipulée trois semaines après la crise pour un mieux. Lente remontée à l'équilibre, arrêt de travail pendant deux mois !!! Toujours en kiné le 08 janvier 2019, nette amélioration parfois de légers déséquilibres. Espoir en vue.

Les collègues ont été impressionnés et compréhensifs, la famille m'a entourée. La confiance est revenue en même temps que la reprise du travail. Les légers vertiges ne m'inquiètent plus à présent, je continue un travail de confiance avec monsieur M. à qui je dois beaucoup.»

«**Monsieur M., 56 ans**
J'avais 37 ans quand est survenu brutalement mon AVC en mars 2000.

Dans les mois qui l'ont précédé, je ressentais déjà quelques symptômes précurseurs : endormissement du bas de la joue droite, trous de mémoire importants, nausées et vomissements.
Pendant mon hospitalisation, je suis toujours resté conscient. La rééducation intensive, la colère et la révolte que je ressentais, m'ont permis de me reconstruire, contrairement aux diagnostics établis par les spécialistes précisant que je ne remarcherais jamais, car l'atteinte de mon cerveau est définitive. J'ai refusé le fauteuil roulant, au bout de 5 mois, je me déplaçais en béquilles (j'ai poursuivi mes séances de kinésithérapie pendant 3 ans) et plus tard, la reprise de mon travail au bout de 10 mois m'a permis de parfaire ma reconstruction.
Il m'a fallu cinq ans pour y arriver partiellement.
A ce jour, je présente des difficultés qui ne se voient pas, mais pour lesquels j'ai mis en place des « parades » qui m'aident au quotidien :
-des problèmes d'équilibre liés au décalage de mes yeux : il m'est difficile de rester dans une position statique, cela m'oblige à toujours trouver un appui à proximité. Je dois me tenir pour descendre un escalier. Je ne peux plus courir derrière un ballon, car je perds l'équilibre et je peux tomber. Je ne peux pas avancer si quelque chose bouge sous mes pieds. Je ne peux pas faire de mouvements brusques en tournant, si je danse, je dois toujours garder les deux pieds au sol. Je ne peux plus me baisser et me relever rapidement. Je ne peux plus faire de ski car la blancheur de la neige m'empêche de repérer les dénivelés ou faire de sport car je fatigue vite. A la montagne, la marche en montée ne me gêne pas, c'est la descente et le vide qui me déstabilisent, car je n'ai plus de repères,
- si je fais du vélo, je dois fixer mon regard devant moi. A la piscine je ne peux plus plonger, mais je peux sauter les deux pieds en même temps en avant,

- je me fatigue très vite et parfois cela peut me faire tituber. C'est difficile pour moi, car les personnes autour de moi peuvent penser que je suis saoul,
- je peux, s'il fait chaud ou froid, avoir des problèmes d'élocution, la déglutition peut parfois m'étouffer,
- je n'ai pas totalement récupéré ma sensibilité du côté droit, notamment pour ma main, heureusement, je suis gaucher !
- la nuit, je ne vois pas et l'obscurité me fait perdre mes repères,
- je ne peux plus aller dans des manèges à sensations, ni dans des lieux avec beaucoup de jeux de lumières et au cinéma je ne peux plus regarder de films 3D,
- sur le plan professionnel, lorsque je fais des visites de chantiers, je ne m'engage pas s'il y a le vide ou si c'est trop étroit. Je tiens ma journée de travail, mais le soir je m'écroule. C'est difficile à vivre, car en plus de mes responsabilités, je dois gérer mes limites.

Parfois, je lutte et me pose des défis, je les fais quand même, mais je galère et si j'insiste, je ne contrôle plus mon équilibre.

J'ai mis 7 ans à faire le deuil de ce que je ne pouvais plus faire. J'ai trouvé mes limites, je sais ce que je peux faire et ce que je ne peux plus faire. Je vis avec tous les jours, je corrige, mais c'est usant ! Ma vie a été une suite de combats et j'ai gagné quelques batailles dans ma reconstruction ! Je suis suivi régulièrement et bénéficie d'un traitement adapté.

Je suis conscient d'être « un miraculé ». Je reviens de loin. J'ai eu « la chance » d'être combattif, d'avoir la volonté de m'en sortir, de ne pas avoir baissé les bras et d'avoir été aidé par mes proches. De plus, j'ai également eu « la chance » d'être soutenu par mon employeur. En effet, je venais juste d'être nommé responsable d'agence avant mon AVC. Grâce à sa patience, j'ai pu reprendre mon travail, combiner travail et soins et évoluer dans ma carrière.

Toutes les personnes qui m'entourent, ma famille, mes amis, informés de mes problèmes de santé, les comprennent. Pour les autres, si par exemple je perds l'équilibre, je vois leurs regards changer et parfois cela m'oblige de me justifier, mais brièvement ! Je peux également ressentir de la moquerie ou de l'insistance. C'est frustrant parfois, même de me faire passer pour quelqu'un que je ne suis pas : un clown ou un peureux. Ces indélicatesses peuvent parfois être difficiles à supporter !»

Quand monsieur M., kinésithérapeute vestibulaire, a rempli le questionnaire, il a relaté un bon souvenir d'une patiente qui m'a semblé intéressant de partager avec vous :

«Mon meilleur souvenir est la remise en forme d'une personne de 101 ans qui, à la fin de son traitement, m'a apporté les œufs de son poulailler dans lequel elle ne pouvait plus se rendre avant les soins.»
Après avoir relaté les différents témoignages que j'ai pu récupérer. Je me suis également tournée vers mon entourage. Je voulais aller plus loin dans ma réflexion. Qu'est-ce que ma famille, mes amis/es, mes collègues... ont réellement compris de mon syndrome vestibulaire ?

J'ai voulu savoir :
Je vous ai parlé du syndrome dont je souffre depuis 2010 :
Qu'en avez-vous compris exactement ? Y a t il des éléments qui restent flous pour vous ?
Quelles sont les questions que vous vous posez ? ou les réflexions que vous vous faites ?
Avez vous déjà eu des vertiges ou eu une maladie qui ne se voit pas ? Si oui comment ont réagi vos proches et les personnes de votre entourage ?
Avez-vous déjà rencontré une personne qui souffre d'une maladie qui ne se voit pas ? Si oui, comment avez-vous réagi ?

Voici leur retour :

« Tu souffres de vertiges d'origine vestibulaire. Mais la seule zone floue est la durée de la rééducation.

Je me questionne sur les causes pouvant créer ces troubles et aussi l'absence d'examen clinique pouvant confirmer cette pathologie.

Pour ma part, j'ai déjà eu des épisodes de vertiges durant environ 15 jours revenant souvent à la même période, en juin. Ils se caractérisaient par des sensations d'étourdissements avec des difficultés à marcher en ligne droite (encore moins à marcher droit tête tournée sur le côté).

Je n'en ai pas parlé à mon entourage car c'était temporaire et pas trop handicapant.

La seule personne que je connais qui souffre de vertiges, c'est ma femme. Je cherche à être compréhensif, car les vertiges sont une pathologie avec de multiples origines possibles. »

« Quand tu as eu ton accident de voiture j'avais 4 ans :
Ma nounou m'emmenait à l'école en voiture quand nous sommes passés devant l'accident. Et depuis ce jour, tu as des vertiges, des douleurs: musculaires, aux genoux ....
Tu m'as tout expliqué, ce n'est pas flou pour moi.
Mais je me demande : "Comment as-tu le courage de continuer à te battre ?"
J'ai aussi une réflexion, "c'est que ça m'a beaucoup manqué de jouer avec toi quand j'étais petite et aussi de partager des moment sportifs, être en hauteur même si moi aussi j'ai peur du vide".
Avant toi, je n'ai rencontré personne avec des vertiges.»

« J'avais 7 ans quand tu as eu ton accident. Tu m'as tout expliqué avec ma sœur. J'ai compris que tu avais un trouble à l'oreille interne et que cela te provoquait des vertiges.

Je n'ai pas de zone floue ni de questions, mais c'est flippant pour la personne qui a ce problème de ne pas pouvoir faire plein de choses, par exemple : jouer aux jeux vidéo, conduire longtemps mais surtout de faire des crises à cause de bruits ou d'éléments perturbateurs.

Je n'ai jamais eu de vertiges et je ne veux pas connaitre ça.

Tu es la seule que je connais qui a des vertiges. Le côté stressant c'est quand "je vois la voiture garée devant la maison en rentrant de l'école et que ma maman a eu une crise de vertiges à son travail et a dû se faire ramener". »

« Au début, je ne comprenais pas ce syndrome, l'associant à une affection de l'oreille. C'est en prenant connaissance du document expliquant le syndrome vestibulaire, ses manifestations et ses conséquences que j'ai pris conscience de ce trouble important, ayant une incidence sur l'équilibre, la vision et le tonus musculaire. Cela m'a permis de comprendre les difficultés que tu pouvais ressentir : vertiges, maux de tête, douleurs musculaires, baisse de tonus, fatigue intense...
Je me pose de ce fait moins de questions maintenant et j'ai compris que les trois entrées sensorielles sont indispensables à notre équilibre. C'est ce que tu travailles depuis maintenant plus de 5 ans. Je trouve que c'est long, mais il est important d'aller jusqu'au bout pour récupérer toutes tes facultés. Le temps a permis une nette amélioration même si parfois certains symptômes ressurgissent.
J'ai déjà eu des vertiges mais de façon fugace ! Toutefois, ce fût une expérience désagréable qui me permet d'analyser ce que tu peux ressentir et des désagréments annexes.
Une maladie qui ne se voit pas : non pas spécialement.
Dans le cadre professionnel, il m'est arrivé de rencontrer des personnes souffrant de pathologies diverses, non visibles sur la personne. Il est plus difficile de cerner les ressentis de la personne, d'évaluer le degré de pénibilité de la maladie : douleurs, traitements, effets secondaires...sans prendre du temps pour comprendre et cerner les difficultés. Il est plus facile d'analyser les conséquences par exemple d'une jambe cassée : plâtre, difficultés pour se déplacer, pour s'occuper de soi, douleurs...
Une personne qui souffre d'une maladie qui ne se voit pas, est amenée à devoir se justifier et évoquer ses difficultés pour être comprise et entendue dans son vécu quotidien.»

« Je sais que tu souffres de vertiges, que tu as des difficultés à regarder les écrans qui se déroulent vite et en 3D,... et difficultés à la conduite.
Je me demande "Qu'est ce qui se passe à l'intérieur ?"
J'imagine qu'on peut ressentir de l'isolement et de l'incompréhension et qu'on peut même être amenée à douter de ses symptômes et à se dire "ça doit être moi" notamment avant de poser un diagnostic.
Je n'ai jamais eu de vertiges.
Je pense qu'il faut écouter et dialoguer avec la personne mais c'est difficile de comprendre car je ne le vis pas ! »

« C'est un syndrome résultant d'une désorganisation neurosensorielle et qui, dans ton cas, se manifeste par des vertiges en lien avec l'oreille interne.
Je me demande : "Est-ce que ces vertiges se manifestent uniquement à l'extérieur ou peuvent-ils aussi apparaitre quand tu es chez toi"?»
« Tu as une atteinte de l'oreille interne pouvant entraîner des vertiges, malaises, douleurs aux cervicales et grande fatigue.
J'aurai toujours des éléments qui restent flous, vu que je ne vis pas ce que tu vis.
Je ne me pose pas spécialement de questions à part si tu seras guérie un jour et si ton état s'améliorera !
J'ai déjà eu un malaise une fois, ce qui a inquiété ma famille.
Cela a occasionné de l'incompréhension de mes amis pensant que je simulais et m'écoutais trop. Ma famille, au bout d'un moment, s'est inquiétée mais ne comprend pas toujours et voudrait que la maladie soit derrière et que j'avance.
J'ai déjà rencontré une personne qui souffre d'une maladie qui ne se voit pas, c'est celle qui me demande de remplir ce questionnaire.
J'ai écouté et compris ce qu'elle pouvait ressentir. »

Le panel de réponses, bien que succinct, est riche en émotions.
L'étude des questionnaires destinés aux personnes souffrants de syndromes vestibulaires montre que leurs témoignages corroborent bien

avec ce j'ai décrit dans ma propre histoire. L'origine des vertiges n'est pas toujours identifiée et peut rester parfois une énigme. Les syndromes sont multiples, nécessitent un diagnostic et la mise en place d'un protocole spécifique. La rééducation vestibulaire ou le suivi médical sont indispensables pour améliorer le quotidien et la qualité de vie. Le vécu de la "maladie" n'est pas appréhendé de la même façon par toutes les personnes.
La plupart d'entre elles espèrent une évolution positive dans leur avenir.

Mon cercle familial et amical m'encourage vers une vie meilleure. Même si pour certains, mon syndrome reste un mystère, pour d'autres une prise de conscience émerge. L'écriture de mon livre m'a permis d'apporter des éléments précis sur ma pathologie et la lecture de celui-ci favorisera leurs compréhensions.
Je tiens à remercier très chaleureusement toutes les personnes qui ont accepté de livrer leurs témoignages et leurs ressentis.

Conclusion

Une fatigue s'installe, s'amplifie ; le besoin de se coucher tôt ou dans la journée ; se réveiller plus fatiguée que la veille ; une sensation bizarre dans la tête ; des bourdonnements et sifflements dans les oreilles ; ne plus supporter les bruits forts ou même plusieurs personnes qui parlent en même temps ; des nystagmus ; la vision floue ; des troubles de la mémoire ; des difficultés à prendre une décision quand plusieurs choix s'imposent ; des problèmes de concentration, suivre une conversation de plus de vingt minutes ; une instabilité et une gêne ressenties en station debout, assise et en conduisant ; des tensions musculaires dans les jambes et dans le cou ; la liste est encore longue...

Je viens de vous énoncer, en partie, mes symptômes avec lesquels je vis depuis dix ans.

Fatiguée, épuisée, anéantie, abattue, saoule, dans le gaz, le coltard, le brouillard... voici bien des synonymes qui résument mon état de ces dernières années.

En résumé, je souffre du **syndrome du défilement**.

Si je me suis décidée à écrire mon histoire, c'est que je me sentais très seule et incomprise. C'est pour cela que je voulais témoigner et la partager avec vous.

L'incompréhension des personnes, qui m'entourent, me pèsent énormément. Le discours de certaines d'entre elles qui croient connaître la cause de mon mal : "c'est le stress, tu es fatiguée mais il ne faut pas t'écouter, c'est dans ta tête...." m'affligent.
J'en souffre et je dirai même, nous en souffrons, car je ne suis pas la seule à le vivre.

Ne préjugez pas que le stress ou les sentiments négatifs tels que tristesse, peine, colère... peuvent être un élément déclencheur. C'est faux. Ils ne font qu'amplifier mes maux, si je suis en crise.
Arrêtez de penser : "si je suis dans cet "état" c'est que je dors trop", alors que le sommeil est pour moi **réparateur**.
Arrêtez de croire que **CE QUI NE SE VOIT PAS, N'EXISTE PAS** ! Je sais que c'est difficile pour vous de comprendre ce que je vis. Je ne le souhaite à personne.

Alors vous qui me lisez, prenez le temps "**d'écouter, d'entendre, de ne pas inférioriser, minimiser et de ne pas juger une personne atteinte de vertiges**".

Tous les éléments que vous avez pu lire dans les pages de mon livre, je les ai notés au fur et à mesure, afin de m'en souvenir et pouvoir les relater aux différents professionnels de santé rencontrés. Je ne pensais pas que cela m'aiderait à écrire un livre. Malheureusement, j'ai oublié certains faits ou en garde un vague souvenir que j'ai pu combler grâce à mon entourage.

Au commencement de la rédaction de mon livre, je me suis rendue compte que je n'avais ni "digéré" mon accident de voiture, ni accepté mon syndrome.
Mais, **POUR AVANCER, IL FAUT ACCEPTER.**
Il m'a fallu sept ans pour y arriver, car j'ai réussi à y **METTRE DES MOTS** et **À LÂCHER PRISE** !
J'ai tiré un trait sur mon ancienne vie et m'en suis construite une nouvelle dans laquelle je vis plus lentement, j'accepte de ne pas tout maîtriser, de déléguer et surtout de profiter de la vie. Je suis consciente que mon état est fragile, car le moindre accident, événement ou choc fort risquent de perturber mon corps en réveillant mes cellules mémoire et me faire régresser.

Pourtant, cela ne m'empêche pas d'avancer, de penser à l'avenir. Je veux m'en sortir !

Je peux dire que je reviens de loin. Suite à mon accident de voiture, depuis dix ans je vis avec des vertiges. C'est une épreuve de la vie que je dois surmonter.
Heureusement, je suis aidée depuis sept ans par monsieur M., kinésithérapeute-vestibulaire. Si l'ORL ne m'avait pas orientée vers lui, mon kiné n'aurait pas trouvé le protocole adapté à mon syndrome. Je n'aurai jamais réussi à "sortir la tête de l'eau" !
Depuis, je me **BATS** pour récupérer une vie relativement normale, car je sais que je ne guérirai pas à 100%. Grâce à la rééducation vestibulaire qui est le seul traitement dans mon cas, je ne peux qu'améliorer mon quotidien !

Etre entourée c'est important, mais cela ne suffit pas ! Le plus gros travail c'est à **NOUS,** les personnes atteintes d'un syndrome vestibulaire, de le faire !
En effet, nous sommes moteur de notre mieux-être.
Il faut avoir le courage de continuer à avancer en étant assidues dans notre rééducation et vouloir de nouveau mordre la vie à pleines dents.
Il ne faut pas, toutefois, aller trop vite.
Il faut savoir s'écouter, mais surtout écouter son corps.
Il faut savoir que le temps de guérison est différent pour chacun d'entre nous, en fonction de sa "maladie" et de son vécu.
Il faut savoir lâcher prise et retenir le côté positif de chaque chose.
Il ne faut pas hésiter à demander l'avis de différents spécialistes pour comparer les divers diagnostics.
Mais une chose est sûre, nous sommes les seuls à savoir réellement ce que nous ressentons et il ne faut pas en douter !

Aujourd'hui, je me sens beaucoup mieux. Je constate du progrès même si mes maux et mes vertiges persistent.

Je suis consciente que j'ai encore du chemin à parcourir, mais le plus dur est derrière moi. J'ai maintenant plus de journées où je vais bien que l'inverse.

Quand c'est un jour "sans", c'est dur pour moi, car je vis au ralenti. Réapparaissent mes douleurs, mes points dans la tête, mes bourdonnements, mes nausées, ma fatigue et ma difficulté à me concentrer qui m'empêchent de travailler normalement. A ce moment-là, je préférerais plutôt rester couchée et que demain arrive vite pour me sentir mieux. Cependant, je dois me lever et avancer **doucement**. Je vais au **rythme** de mon corps qui me dictera les directives de ma journée. Je sais que cette dernière ne sera pas fructueuse, mais je me rattraperai le lendemain. C'est ainsi !

Mes problèmes de mémorisation que j'appelais encore il y a quelques temps "mes pertes de mémoire", me dérangent encore. Toutefois, elles évoluent positivement au fil du temps même si elles me gênent toujours dans mon travail et dans l'organisation de ma vie quotidienne.

Avant mon accident, j'appréciais de rouler pendant des heures. J'adorais les sensations que cela me procurait. Aujourd'hui c'est tout autre. La voiture n'est plus un plaisir, mais juste un moyen de déplacement d'un point à un autre. Je ne peux plus conduire sur de longs trajets sans ressentir des raideurs dans mon corps et des sensations d'instabilité. C'est pourquoi, je dois faire des pauses ou passer le volant à mon mari.

Pourtant, j'adore rouler au printemps aux premières lueurs du soleil, quand il pointe le bout de son nez au loin et éclaire mon visage. Seulement, l'effet de lumière intermittente qu'il produit entre les branches des arbres m'est insupportable. L'alternance des phases lumineuses et des phases obscures comme des flashs, me font penser à un stroboscope dans une discothèque. Pour me rendre à mon travail, je dois passer obligatoirement par une route boisée qui m'occasionne ce phénomène. Je le subis car je n'ai pas d'autres solutions, c'est la seule route pour m'y rendre. Cela me demande beaucoup de concentration, comme pour la conduite de nuit. Je garde en mémoire que, peut-être bientôt, cela ne sera plus qu'un mauvais souvenir.

Grâce à la rééducation depuis sept ans, j'ai réussi progressivement à repousser les limites de mon corps. Aujourd'hui, je continue à analyser ce qu'il peut encaisser ou pas. Toutefois, je suis consciente que mon état de santé reste fragile et peut nécessiter un arrêt de travail pour récupérer. Perdre connaissance une fois m'a servi de leçon ! Je constate néanmoins que mes arrêts sont moins fréquents et plus courts. Cela me procure un sentiment de revanche sur la "maladie".
Tout cela m'aide à mieux gérer mes crises.

Sans cette rééducation, je n'en serais pas là aujourd'hui. Je le dois à monsieur M. qui, depuis toutes ces années, me soutient et m'aide, par son savoir, à aller mieux de mois en mois. Je souhaite mettre en avant le métier de kinésithérapeute vestibulaire. Ces professionnels sont vraiment trop peu nombreux. La spécialisation de leur rééducation est importante pour nous, personnes atteintes de syndromes vestibulaires, et **nous avons besoin d'eux** !

A ce jour, j'ai enfin relevé la tête ! Cela me permet maintenant de me fixer des objectifs.
Mes recherches d'emploi ont enfin abouti en ce début d'année 2020. Je commence mon nouveau travail avec des missions spécifiques et des projets pleins la tête pour pouvoir m'épanouir totalement sur ce poste.
Je m'autorise la randonnée à cheval, à faire les courses alimentaires ou du shopping...
Par contre, je reste à l'écoute de mon corps et prévoyante en sortant toujours équipée d'antinauséeux, de protections auditives...
J'apprécie d'être enfin plus présente auprès de ma famille et mes amis.

En conclusion, je ne m'interdis plus de vivre !

Et pourquoi pas, prochainement prendre l'avion, partir en voyage, faire du parapente... L'avenir m'appartient !
Ces projets me procurent un bien fou !

La pensée positive, le yoga et la méditation m'ont permis de tirer le positif de toutes situations négatives. La rééducation intensive et mon assiduité m'ont aidée à aller de l'avant et espérer un avenir plus serein. L'écriture de mon livre a été pour moi un travail thérapeutique qui m'a amenée à accepter mon syndrome et mon accident.

Voilà où j'en suis aujourd'hui !